semer • planter • tailler • récolter

Cultiver son jardin avec la lune 2023

Artémis éditions

Sommaire

Comprendre les cycles lunaires 6

L'observation de la lune...7

La lune et ses influences 11

Le cycle visible, lune croissante ou décroissante.................. 14

Le cycle invisible, lune montante ou descendante....................20

La lune et la biodynamie.. 25

La lune et le zodiaque 27

Le potager bio 32

Calendrier lunaire 2023 48

Comprendre et utiliser les tableaux lunaires hebdomadaires..... 50

Mode d'emploi 52

- Janvier.................... 54
- Février.................... 64
- Mars 72
- Avril...................... 80
- Mai 90
- Juin...................... 98
- Juillet.................... 106
- Août 116
- Septembre 124
- Octobre................ 132
- Novembre 142
- Décembre.............. 150

Calendrier 2024 160

Comprendre les cycles lunaires

L'observation de la lune

On oublie aujourd'hui que, pendant des siècles, les hommes n'avaient ni heure ni calendrier à leur disposition, et qu'ils réglaient leurs activités sur le soleil. Les travaux agricoles étaient décidés en fonction des observations de la faune et de la flore, des vents, du tonnerre : c'est ainsi que de nombreux dictons ont pour objet des prévisions météorologiques, afin d'orienter les pratiques agricoles.

Pensons encore que les premiers calendriers n'ont commencé à se diffuser – dans les milieux favorisés et lettrés – que dans le courant du XVIe siècle. Il a ensuite fallu attendre deux siècles encore pour qu'ils se répandent dans les campagnes. Ces almanachs faisaient la part belle à des prévisions météorologiques et à tout ce qu'il fallait faire ou ne pas faire au fil des mois, en fonction de considérations zodiacales et astrologiques.

Les gens de la terre étant analphabètes, de nombreux conseils ont pris la forme de proverbes et de ritournelles : « En nouvelle lune, tout graine, tout fleurit ; en vieille lune, tout fournit. » On se repérait aussi beaucoup aux fêtes des saints, celles-ci étant précisées chaque dimanche par le curé de la paroisse. Jardiniers et agriculteurs se sont ainsi fondés sur certaines dates fixes

Les horloges zodiacales ancestrales indiquent notamment quels travaux effectuer en fonction de la position de la lune. Ici l'horloge astronomique de Prague, qui a plus de 600 ans (construite en 1410 par Nicolas de Kadau).

pour organiser leurs travaux. Là encore, les dictons faisant référence à des saints sont innombrables. Il y a par exemple les fameux « saints de glace », saint Mamert, saint Pancrace et saint Servais (les 11, 12 et 13 mai), qui indiquent les risques encourus par les cultures pendant cette période, où un ciel bien dégagé peut entraîner des gelées nocturnes. On sait aussi que « s'il pleut à la Saint-Médard (le 8 juin), il pleut quarante jours plus tard », à moins que « la Saint-Barnabé (le 11 juin) ne lui coupe le pied ». Il faut semer la salade de printemps à la Sainte-Agathe (5 février), le persil le jour de mardi gras, les haricots à la Sainte-Croix (3 mai) ou aux rogations. Presque tous les saints sont ainsi convoqués pour donner des indications à venir sur les conditions météorologiques et les récoltes.

Quel rôle joue la lune ?

Le rôle de la lune dans la vie quotidienne et les travaux agricoles est antique. « Quand la lune croît, les coquillages grossissent, le sang aussi, même celui de l'homme, augmente et diminue avec sa lumière, jusqu'au feuillage et aux pâturages qui sont sensibles à ses effets », a écrit Pline l'Ancien, au début de notre ère. Pendant toute l'Antiquité, la théorie dominante exposait que les éléments du macrocosme et du microcosme étaient en correspondance, correspondance longuement étudiée par l'astrologie, une science très importante jusqu'au XVIIe siècle, où la théorie de la sympathie universelle a été abandonnée au profit de l'explication du phénomène des marées par Newton.

Mosaïque du cycle lunaire au musée du Vatican.

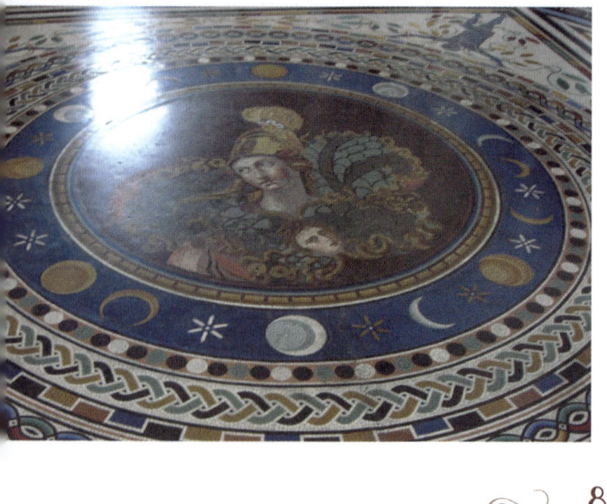

La lune en dictons

- *Lune pâle, c'est la pluie.*
- *Lune rouge, du vent.*
- *Quand la lune se fait chaude dans le premier quartier, elle met des champignons plein le panier.*
- *Cornes de la lune en haut, beau temps. Cornes de la lune en bas, mauvais temps.*
- *Cornes pâles, pluie. Cornes nettes, beau temps.*
- *Quand la lune vient dans l'eau, au bout de trois jours il fait beau.*
- *Lune rousse en se levant annonce le vent.*
- *Lune brillante et blanche, plusieurs jours de beau temps.*
- *Lune brouillée, pluie assurée.*
- *L'hiver n'est point passé que la lune n'ait décliné.*
- *Si la lune de Saint-Louis ne fait en beau, sois réjoui.*
- *Lune d'argent fait le temps clair.*
- *Noël sans lune, de deux vaches on en mange une.*
- *Lune nouvelle en beau temps, pluie avant sept jours.*
- *Lune neuve en méchant temps, soleil dans trois jours.*
- *Ne sème pas en croissant, il faucillerait avant toi.*

Aujourd'hui, le rôle de la lune se fonde donc sur son influence gravitationnelle, qui provoque notamment le phénomène des marées. Du fait que les végétaux sont composés d'environ 90 % d'eau et que le sol est, de même, riche en eau, la gravitation lunaire pourrait avoir une influence et provoquer une sorte de « marée biologique ». Remarquons que Pline évoquait déjà l'influence de la lumière lunaire, bien que la lune, astre mort, ne fasse que refléter la lumière du soleil.

Toutefois, lorsque les cultures reposent sur des apports d'engrais réguliers et sur de nombreux traitements préventifs ou curatifs, cette possible influence devient tout à fait négligeable. Mais dans le cas où le jardinier biologique n'enrichit son sol que de compost et réduit au minimum tout traitement, il se tourne vers la lune pour mettre le plus de chances possible de son côté.

Il est curieux de constater que, même s'il dispose de manuels de jardinage détaillés, de graines et de plants de qualité, d'informations sérieuses sur les conditions météorologiques à venir, de tout ce qu'il faut pour réussir ses cultures et ses plantations par rapport au jardinier d'autrefois – qui ne pouvait se fier qu'aux dictons, aux proverbes et aux traditions –, le jardinier moderne se réfère toujours à la lune, comme s'il restaurait un lien « magique » entre les éléments naturels.

Deux cycles à observer

La lune a deux cycles principaux. L'un est facilement observable : c'est le cycle des phases de la lune, ou cycle synodique (nouvelle lune, lune croissante, pleine lune, lune décroissante ou « en décours »), que tous les calendriers mentionnent. C'est sur ce cycle que s'appuient les traditions de l'influence de la lune sur les plantes, associée ou non aux signes du zodiaque.

Le second cycle de la lune ne peut être que très partiellement observé : il s'agit de la place de l'astre dans le ciel (plus ou moins haute ou basse sur l'horizon). En prenant un point de repère fixe, par exemple un clocher ou un arbre isolé, et en regardant la place de la lune à la même heure, soir après soir, on peut savoir si elle « monte » ou si elle « descend ». Ce second cycle, dit périodique, fondé sur la trajectoire apparente de la lune dans le ciel, fait aussi appel à des données astronomiques par rapport à la trajectoire du soleil et aux constellations. Il faut donc avoir à disposition un calendrier spécifique, qui donne la position de la lune. Le rôle de ce cycle lunaire sur les plantes a notamment été mis en avant par le mouvement anthroposophique, né dans les années 1920, à partir de l'enseignement du philosophe et pédagogue autrichien Rudolf Steiner.

Beaucoup de jardiniers ne se fient qu'au cycle observable. D'autres, en particulier ceux qui s'inspirent du jardinage biodynamique, suivent les prescriptions données par ces calendriers spécialisés.

Lune et météo

L'observation de la lune sert traditionnellement à prévoir le temps. La lune entourée d'un anneau rougeâtre annonce un vent fort ; si les taches de la lune sont très visibles, cela laisse espérer du beau temps ; la lune prise

La lune en couleurs

• ***La lune rousse :*** *elle commence à la nouvelle lune qui suit Pâques et finit à la nouvelle lune suivante. Pour l'année 2023, elle se situera entre le 20 avril et le 19 mai.*
• ***La lune bleue :*** *généralement, dans un mois, il n'y a qu'une seule pleine lune, mais exceptionnellement, il peut y en avoir deux. La seconde est alors appelée lune bleue.*
• ***La lune noire :*** *la lune est qualifiée de noire en trois circonstances :*
  – *En l'absence de nouvelle lune dans un mois.*
  – *Lorsqu'il y a deux nouvelles lunes dans un mois.*
  – *En l'absence de pleine lune dans un mois.*
• ***La lune cendrée :*** *on qualifie la lune de cendrée quelques jours avant ou après la nouvelle lune, car le croissant lunaire semble flou, comme dans un brouillard.*

dans un halo indique de la pluie à venir. De nombreux dictons relient d'ailleurs l'aspect de la lune et les prévisions météorologiques.

On notait aussi le temps qu'il fait pendant la pleine lune ou la nouvelle lune pour prédire la météo à venir. Par exemple, du vent pendant les six jours qui suivent une nouvelle lune ou une pleine lune indique un ciel perturbé jusqu'à la nouvelle phase de la lune. Si, dans les quatre premiers jours, le temps est instable mais se rétablit ensuite, le temps sera beau dans les huit jours à venir. En revanche, si les quatre premiers jours sont beaux puis que le ciel se dégrade après, le temps sera instable dans la semaine qui suit.

Très souvent, la météo durant les « changements de lune », nouvelle lune ou pleine lune est encore régulièrement observée pour prédire le temps à venir sur une période plus ou moins longue, notamment pour les changements de lune aux alentours des équinoxes et des solstices, soit aux changements de saisons. Lune et soleil sont souvent associés, témoignant que, pendant des millénaires, ces deux astres ont réglé la vie quotidienne des hommes.

La lune rousse

L'expression « lune rousse » qualifie la première lunaison après Pâques – la fête de Pâques étant variable chaque année, cette lune rousse peut débuter entre le 5 avril et le 6 mai. Elle est dite « rousse » parce qu'elle « roussit » les nouvelles pousses, et non à cause d'une coloration rougeâtre. En fait, quand la lune brille dans un ciel bien dégagé au début du printemps, cela signale une nuit fraîche – le sol n'est pas encore bien réchauffé et les jours pas encore assez longs pour le réchauffer durablement –, et donc des gelées blanches qui endommagent les jeunes plantes. La lune n'est pas en cause, elle n'est qu'un signe.

La lune
et ses influences

Le climat historique

Si tous les peuples pratiquant l'agriculture ont adopté un calendrier fondé sur le cycle du soleil, ils n'en ont pas moins conservé pendant longtemps un calendrier lunaire. Notre calendrier grégorien, établi d'après les équinoxes (début de l'automne et du printemps) et les solstices (début de l'été et de l'hiver), en a tout de même gardé une trace. Le jour de Pâques est en effet décidé à partir de la première nouvelle lune après la lune la plus proche de l'équinoxe de printemps. Il varie donc chaque année, puisque les cycles de la lune et du soleil sont totalement distincts – l'un mensuel, l'autre annuel – depuis le début du mois d'avril jusqu'au début du mois de mai.

Le découpage de l'année en mois est aussi un héritage lunaire. N'oublions pas, enfin, que le lundi est étymologiquement le jour dédié à l'astre nocturne. Notre calendrier garde donc des traces des plus anciens calendriers inventés par l'homme.

C'est vraisemblablement l'observation des phases de la lune qui a conduit à l'élaboration des premiers calendriers. La lune fournit des repères de semaine en semaine et tend donc à rythmer la vie des hommes. Certains peuples, issus de civilisations nomades et pastorales, pour qui le soleil avait moins d'importance, continuent d'employer un calendrier lunaire, en particulier des peuples musulmans. Pour eux, la lune est de genre masculin, le soleil féminin. En allemand, le soleil *(die Sonne)* reste d'ailleurs féminin et la lune *(der Mond)* masculin, sans doute ultime héritage du calendrier lunaire antique. Le temps des Gaulois était aussi lunaire, comme l'ont remarqué les observateurs romains : « C'est par cet astre que les Gaulois règlent leurs mois et leurs années, de même que leurs siècles de trente ans », a constaté Pline.

La lune fut pendant des millénaires un symbole des rythmes biologiques qui disparaît et réapparaît périodiquement. Instrument de mesure du temps, elle a été reliée à la pluie, à la fécondité, à la végétation… La fête de la lune est l'une des grandes fêtes annuelles chinoises ; elle a lieu le quinzième jour du huitième mois – la Chine rurale et traditionnelle continue d'employer un calendrier lunaire – à la pleine lune la plus proche de l'équinoxe d'automne. Les hommes ne peuvent pas participer aux cérémonies. Chez des peuples du nord de l'Europe, le jour des mariages était traditionnellement un jour de nouvelle lune.

Les pratiques actuelles de jardinage selon la lune sont les ultimes vestiges de ce symbolisme très ancien.

Lune, marées, vents, activités sismiques

Comme le rappellent en introduction tous les auteurs qui évoquent le rôle de la lune pour la croissance des végétaux, celle-ci est responsable du phénomène des marées. Si l'attirance gravitationnelle de la lune arrive à soulever les océans, pourquoi ne provoquerait-elle pas des « mini-marées » à l'intérieur des végétaux, compo-

Les végétaux étant composés à 90 % d'eau, la Lune pourrait avoir une influence notable sur leur croissance.

sés d'environ 90 % d'eau ? La Lune ne provoque pas les marées, mais sans elle, celles-ci seraient trois fois moins importantes.

Remarquons que cette influence est très variable selon les lieux : en Méditerranée et pour toutes les mers fermées, les marées sont très peu visibles ; l'océan Atlantique compte deux marées par jour, alors que le Pacifique n'en a qu'une.

Le phénomène des marées est dû à l'attraction différentielle exercée par la Lune et par le Soleil (dans une moindre mesure) en divers points de la Terre. Il en résulte des déformations qui se déplacent sur le globe. Il faut remarquer que toute la surface de la Terre est affectée, aussi bien les continents que les océans, ainsi que les masses d'air. Mais étant donné le caractère fluide de l'eau, les marées des océans sont plus spectaculaires.

L'angle Soleil-Terre-Lune joue aussi un rôle important. En cas d'angle plat, les actions de la Lune et du Soleil s'ajoutent, provoquant des marées de forte amplitude, ce sont les marées de vive-eau. À l'inverse, lorsque l'angle est droit, les actions de la Lune et du Soleil se contrarient, d'où des marées faibles, dites de morte-eau. Les plus fortes marées se produisent en mars et en septembre, lors du passage du Soleil à l'équinoxe.

Le phénomène des marées est dû à l'attraction exercée par la Lune en divers points de la Terre.

Les influences lunaires supposées

• Une première coïncidence a frappé les esprits : le cycle de la lune et le cycle menstruel féminin ont une durée voisine, 29,5 jours pour le premier, environ 28 jours pour le second.
Le lien perdure dans les mots : menstruel et mensuel ont la même étymologie, ils proviennent du latin *mensis*, désignant à la fois le mois lunaire et l'astre – autrefois, une lune voulait dire une lunaison et un lunatique était quelqu'un qui avait périodiquement un comportement bizarre. Cependant, le cycle menstruel a une origine hormonale sans rapport avec les phases de la lune. On a longtemps pris cette coïncidence pour une corrélation, d'où les croyances sur l'influence de la lune sur la fécondité et sur les « humeurs », humeurs pris dans le sens des liquides, sang, bile, etc.
Aujourd'hui encore, certaines personnes ne veulent pas être opérées aux environs de la pleine lune, qui empêcherait une bonne cicatrisation.

• La pleine lune serait aussi en cause dans les recrudescences de crimes et délits, de coups de folie pendant cette période. On retrouve là le caractère maléfique de la lune, tenue pour responsable d'un grand nombre de phénomènes inexplicables.

• La lune influerait également sur le sexe des enfants, garçon ou fille selon la phase où ils auraient été conçus. On dit aussi qu'il naît plus d'enfants aux environs de la pleine lune, bien des sages-femmes en sont persuadées.
À l'inverse, un enfant naissant à la nouvelle lune n'aurait que très peu de chances d'atteindre l'âge de la puberté, ce que la langue anglaise exprime ainsi : « *No moon, no man.* » Depuis qu'existe la statistique, de nombreuses études ont été conduites dans les maternités et les hôpitaux psychiatriques, sans que la moindre corrélation n'ait jamais pu être établie avec des phases lunaires.

• La lune influerait également sur la pousse des cheveux et des ongles. En bref, il faut se couper les cheveux en lune croissante pour qu'ils soient plus vigoureux, de préférence aux alentours de la pleine lune. De nombreux coiffeurs y accordent du crédit, et à un moment, l'un d'entre eux avait décidé de prendre ses rendez-vous à la pleine lune, mais de nuit, pour plus d'efficacité !

• On trouve dans les vieux almanachs une litanie de conseils pour tous les actes de la vie quotidienne, en particulier les prises de médicaments. Les fleurs lunaires (qui éclosent de nuit) guérissaient les maux féminins. Les verrues, les maux de dents, les scrofules pouvaient disparaître selon certaines phases de la lune, jusqu'à des cas de surdité et d'épilepsie. Dans la Bretagne du XVIIe siècle, il existait un véritable culte de la lune, en marge des pratiques catholiques.

• Citons enfin l'influence supposée de la lune sur le linge. L'idéal serait de le laver en lune décroissante dans un signe d'eau, en Cancer, Scorpion ou Poissons, ce qui rendrait fort rares les corvées de lessive.

le cycle visible
lune croissante ou décroissante

Comprendre le cyle synodique

Satellite naturel de la Terre, la Lune n'émet aucune lumière qu'elle produirait elle-même. Nous ne la voyons que grâce à la lumière reflétée par le soleil. Tous les mois, elle tourne autour de la Terre, en accomplissant un cycle de phases lunaires qui vont d'une nouvelle lune à une autre, une période baptisée le mois synodique (du grec *sun*, qui signifie « ensemble, avec », et du grec *hodos*, qui signifie « un chemin »). Vue de la perspective du soleil, une orbite complète dure exactement 29 jours, 12 heures et 44 minutes.

Soir après soir, la lune change d'aspect : c'est sa manifestation la plus évidente. Parfois, elle est fine et légère, d'autres fois, elle est ronde, complètement illuminée par le soleil. Les phases lunaires sont le résultat d'un jeu de positions entre la Terre, la Lune et le Soleil, et du mouvement constant de notre satellite autour de nous.

En effet, la Lune est invisible lorsqu'elle se situe entre le Soleil et la Terre : c'est le moment de la nouvelle lune, on ne perçoit qu'une ombre noire. Si, à l'inverse, elle se trouve du côté opposé au Soleil, elle renvoie alors sa lumière sur l'hémisphère nocturne de la Terre : c'est la pleine lune. Si l'angle entre les trois corps célestes est de 90°, on observe depuis la Terre seulement la moitié du disque lunaire éclairé, soit le premier ou le dernier quart de lune. Dans les phases intermédiaires, on voit un dessin plus ou moins fin de la lune. Parfois, on parle de lune « gibbeuse », ou « bossue », pour désigner une lune éclairée de plus de moitié.

Le cycle lunaire se compte à partir de la phase de la nouvelle lune. Dans les jours qui suivent, elle est dite « croissante » ; au bout de deux semaines, elle est pleine, puis entame sa phase décroissante. On parle alors de lune vieille. On évoque l'âge de la lune pour expliquer ce parcours. Il est possible de remarquer que ce déplacement visible de la Lune, dû à son mouvement

Les phases de la lune

C'est le rayonnement du Soleil qui illumine la face de la Lune visible depuis la Terre.

Suivant l'alignement des trois astres (Soleil-Lune-Terre), la lune est plus ou moins éclairée.

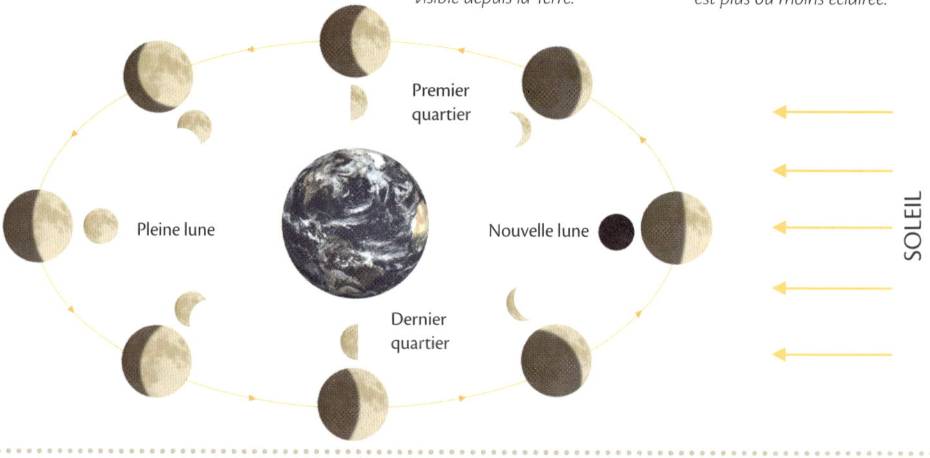

autour de la Terre, se fait en sens inverse des aiguilles d'une montre, soit d'ouest en est. La Lune, observée à la même heure, jour après jour, paraît se déplacer vers l'orient, dans le ciel étoilé qui sert de repère. Elle se lève et se couche avec un décalage en moyenne de 50 minutes chaque jour.

Il n'existe pas de travaux scientifiques qui précisent le rôle du cycle synodique, c'est cependant ce cycle qui sert le plus souvent à orienter les pratiques du jardinier.

Chez les jardiniers biodynamiques, dont les premiers travaux remontent à l'entre-deux-guerres, la nouvelle lune correspond à la germination, le premier quartier au développement, la pleine lune à l'aboutissement, le dernier quartier à la maturité, le dernier croissant à l'introspection.

La lune menteuse

Quand le croissant dessine un « C », la lune décroît. Elle est en phase de croissance quand ce quartier est inversé. Autrement dit, quand le croissant de lune est en « C », elle n'est pas en Croissance, c'est pourquoi on dit qu'elle est « menteuse ». Un simple truc mnémotechnique ! Qui a cependant des sources très anciennes puisque, dans la Rome antique, on évoquait la luna mendax, *lune trompeuse, pour la même raison.*

Lunes néfastes et lunes bénéfiques

La lune de mars, qui débute à la dernière nouvelle lune du mois, est jugée néfaste, car elle s'accompagne de vents froids et secs. La lune rousse d'avril – dernière nouvelle lune de ce mois – est réputée stérile et interrompt les semis de printemps.

En revanche, la lune d'août – dernière nouvelle lune du mois – sourit aux plantations. C'est aussi à ce moment qu'il faut couper les ronces, les épines et les mauvaises herbes, qui repoussent très affaiblies. Une autre tradition conseille de couper les broussailles durant la période de « l'entre-deux-vierges » (entre le 15 août et le 8 septembre), ce qui est sensiblement dans la même période.

On peut penser, dans ces cas de lunes néfastes ou bénéfiques, que c'est moins l'influence proprement dite de la lune qui a été retenue par la tradition que les périodes délicates de l'année qu'elles représentent. À des époques où les calendriers n'étaient pas très répandus, elles étaient un moyen de se repérer. Ces lunes ont ensuite souvent été remplacées par des dates de saints.

Croissante ou décroissante ?

Pour savoir si la lune est en phase croissante ou décroissante, voici le truc bien connu : on accole un trait vertical au quartier de lune que l'on voit ; si cela dessine un « p », on est en présence du « premier » quartier, la lune est donc croissante ; s'il s'agit d'un « d », on voit le « dernier » quartier, la lune est décroissante.

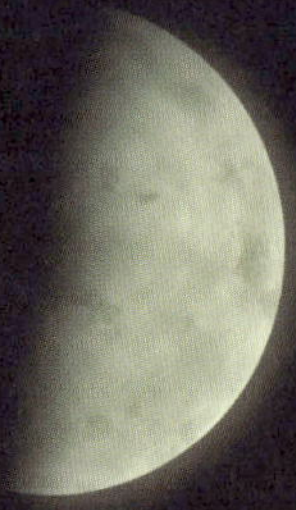

3

Au premier quartier, la Lune a parcouru 1/4 de sa rotation autour de la Terre. Elle est maintenant à 6 heures du Soleil, et se couche vers minuit.

4

Pendant la deuxième semaine du cycle lunaire, la Lune est « gibbeuse montante » alors qu'elle se dévoile pour atteindre bientôt le stade de la pleine lune.

5

Environ 2 semaines après la nouvelle lune, la pleine lune se lève 12 heures après le Soleil. Elle est située à l'opposé exact du Soleil et reste visible toute la nuit.

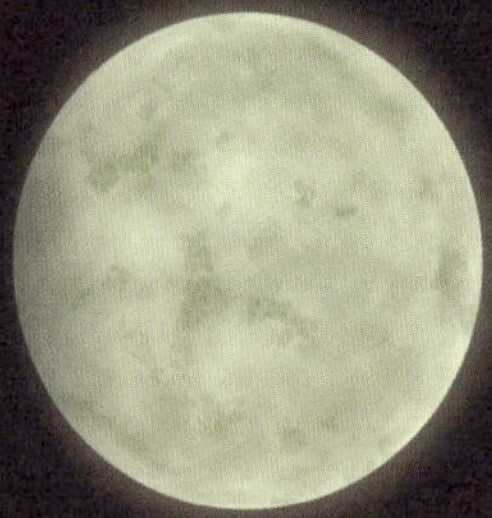

6

La Lune est « gibbeuse descendante » pendant les jours qui suivent la pleine lune. Nous sommes maintenant dans la troisième semaine du cycle lunaire.

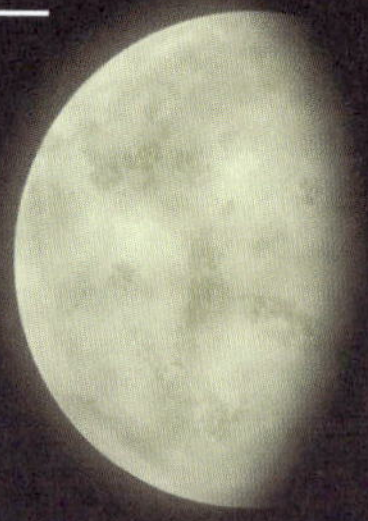

7

Parvenant à la quatrième semaine de son cycle, la Lune est maintenant dans son dernier quartier. Elle se lève dans la seconde moitié de la nuit et est visible dans le ciel du matin.

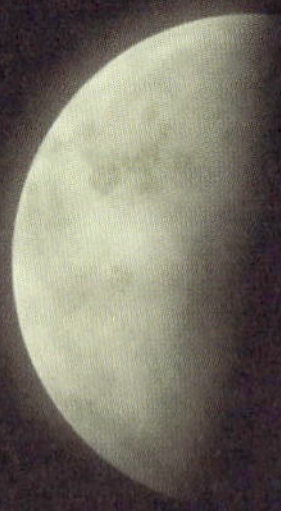

Les phases lunaires

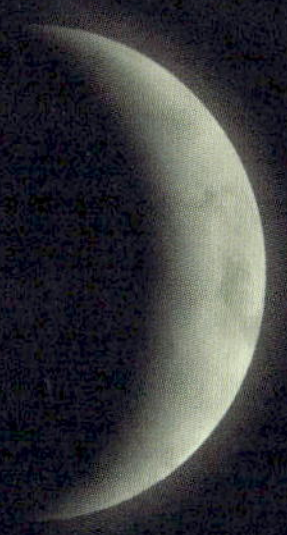

2

Après la nouvelle lune, le croissant grossit pendant une courte période à une vitesse à peu près équivalente à son propre diamètre par heure. Une semaine plus tard, la Lune est à son premier quartier.

1

La nouvelle lune : lorsque le côté de la Lune qui fait face à la Terre est complètement dans l'ombre et invisible pour nous.

8

La dernière phase, le dernier croissant, est suivie par la nouvelle lune.

Travaux à effectuer suivant la lune

Travaux en lune croissante

Pour déterminer ce qu'il faut faire en lune croissante, on peut se servir comme d'un moyen mnémotechnique que celle-ci fait monter la sève dans les plantes et favorise donc leur croissance.

Au potager	➢ D'une manière générale, cette période est favorable aux semis des plantes dont il faut stimuler la croissance, par exemple pour qu'elles fleurissent et se mettent en graines. ➢ Dans les terres pauvres et sèches, il y a souvent intérêt à semer en lune croissante. ➢ C'est aussi le moment où l'on pince les légumes. ➢ Puisqu'il faut favoriser la reprise, c'est à cette période que l'on repique les légumes fruits (tomates, concombres, cornichons, poivrons, aubergines, piments). ➢ La lune croissante est également favorable aux soins et aux traitements de tous les légumes.
Au verger	➢ C'est la meilleure période pour planter les arbres fruitiers, qui reprendront mieux. ➢ Les arbres fruitiers faibles seront aussi taillés à ce moment, puisque l'on n'a pas de risque d'emballement de la végétation aux dépens de la floraison. ➢ Là encore, c'est le moment des traitements pour les arbres.
Au jardin d'ornement	➢ On sèmera les annuelles à fleurs, on repiquera ou on transplantera les plantes vivaces. ➢ Les arbustes sont taillés en lune croissante : ceux à floraison estivale en automne ou en hiver, ceux à floraison printanière après leur floraison.
Récoltes	➢ Pour un profit optimal des éléments nutritifs des légumes, les légumes racines et à bulbe sont récoltés en lune croissante, de même pour les plantes médicinales et aromatiques.

Travaux en nouvelle lune

La nouvelle lune proprement dite n'est pas favorable au jardinage. Seul le greffage, en particulier le greffage en fente, se pratique traditionnellement autour de la nouvelle lune.

Travaux en lune décroissante

On se rappellera qu'une lune en décours va de pair avec le reflux de la sève dans les racines : c'est donc la période favorable pour les légumes racines, les tailles et le travail du sol.

Au potager	➢ En semant et en replantant en décours, on tend à éviter la montée à graine. C'est le cas des légumes à bulbe, des légumes formant des pommes comme les salades et les choux, mais aussi des poireaux. C'est aussi à ce moment que l'on sème généralement les haricots et les pois. ➢ C'est lors de la lune décroissante que l'on effectue les travaux de la terre. ➢ Dans les sols riches et humides, les terres fortes, les semis et les plantations se font de préférence en décours de lune.
Au verger	➢ La taille de formation ou d'entretien des fruitiers vigoureux se fait en lune décroissante, pour éviter qu'ils ne fassent du bois plutôt que des fruits. Les tailles en vert d'été se font de préférence en décours. ➢ Les greffes en écusson sont effectuées plutôt en lune décroissante.
Au jardin d'ornement	➢ Les haies sont élaguées en décours pour limiter leur développement, à moins qu'il ne s'agisse de jeunes plants dont il faut favoriser la croissance. ➢ Le gazon est tondu de préférence en lune décroissante.
Récoltes	➢ Si possible, on récolte les fruits, les bulbes et les légumes devant se conserver. Le décours était aussi autrefois le moment privilégié des vendanges et des moissons.

Travaux à la pleine lune

On évite tous semis au moment de la pleine lune. Cependant, les semis effectués deux ou trois jours avant la pleine lune sont réputés avoir une germination optimale. En jardinage biodynamique, on conseille de planter les pommes de terre à la peine lune, de même que semer les pois et les haricots.

Le cycle invisible
lune montante ou descendante

Comprendre le cycle périodique

Le temps que met la Lune pour accomplir un tour complet de l'orbite terrestre peut se définir non seulement par le cycle synodique (calculé par rapport au Soleil), mais également par le cycle sidéral, ou périodique (calculé par rapport aux étoiles). Pendant que la Lune tourne autour de la Terre, celle-ci ne reste pas immobile dans l'espace, mais se déplace à son tour autour du Soleil. Calculée par rapport aux étoiles, que nous considérons comme des points de référence, la période de révolution lunaire dure 27 jours, 7 heures et 43 minutes.

Le temps qui s'écoule entre deux phases lunaires (le cycle synodique, de 29 jours, 12 heures et 44 minutes) est un peu plus long car, à chaque révolution de la Lune autour de la Terre, cette dernière progresse sur son orbite autour du Soleil. Au terme du cycle sidéral, on n'observe donc pas encore la nouvelle lune : il faut attendre deux jours supplémentaires pour que la Terre, la Lune et le Soleil soient de nouveau alignés.

On parle de lune montante, ou ascendante, et descendante parce que sa trajectoire, ou écliptique, monte et descend par rapport à la trajectoire du Soleil.

Il n'est pas tout à fait exact de parler d'un cycle invisible, mais il est difficile à discerner au quotidien et n'est pas mentionné dans les calendriers ordinaires.

LUNES CROISSANTE ET DÉCROISSANTE, LUNES MONTANTE ET DESCENDANTE

Lunes montante et descendante et lunes croissante et décroissante sont deux cycles bien distincts, qui n'ont pas la même durée et ne sont pas coordonnés. La lune peut à la fois monter et décroître et inversement. Il n'y a pas de lien entre la forme lumineuse de la lune et son mouvement dans le ciel.

Cycle invisible

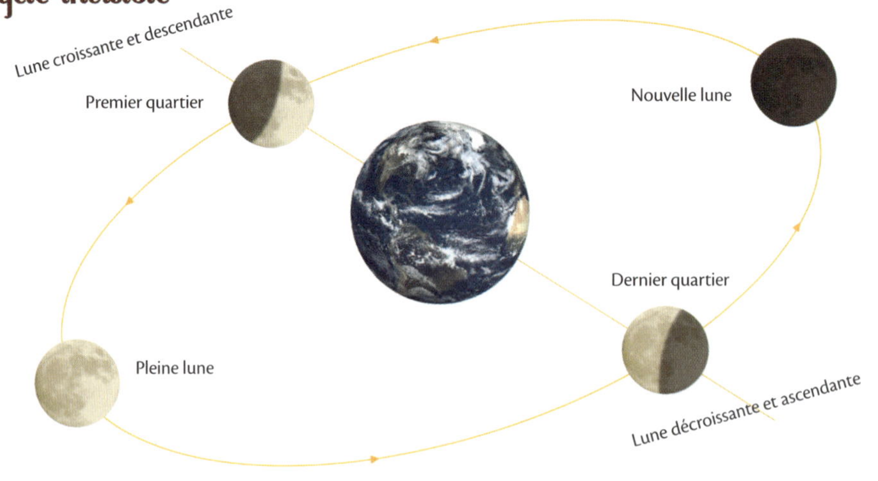

Nœuds lunaires

Les nœuds lunaires sont les périodes pendant lesquelles la Lune coupe le plan de rotation de la Terre (l'écliptique) autour du Soleil. Ce phénomène, qui ne dure que quelques heures, s'observe deux fois par mois.

On parle de nœud lunaire descendant lorsque la Lune descendante coupe le plan de rotation de la Terre autour du Soleil. Lorsque la Lune ascendante coupe une nouvelle fois l'écliptique, on parle de nœud ascendant.

Ces périodes sont réputées perturber la végétation et inhiber la germination. Mieux vaut alors ne pas semer ou travailler au jardin cinq heures avant et après ces « nœuds », qui se produisent à des heures très précises.

Nœuds lunaires

Les passages des nœuds lunaires sont des moments où il faut éviter de jardiner pendant quelques heures. Cela se produit généralement deux fois par mois.

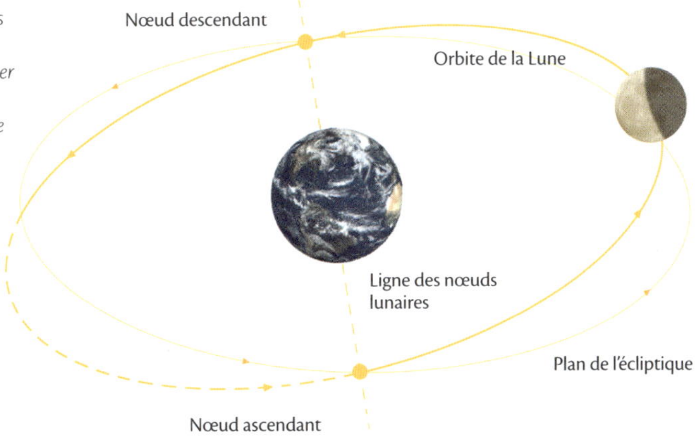

Apogée et périgée

La Lune ne tourne pas autour de la Terre de manière égale mais selon une courbe elliptique. Le moment où elle se trouve le plus éloignée de la Terre se nomme apogée (de *apo*, « lointain », et de *gaïa*, « terre »), le moment où elle en est le plus proche, le périgée (de *péri*, « proche »). À son apogée, la Lune se trouve à 406 500 km de la Terre, et à 356 400 km au plus près. Périgée et apogée sont considérés comme des périodes néfastes pour le jardinage. On conseille souvent de ne rien faire 24 heures avant et après le périgée, et 48 heures avant et après l'apogée.

Les éclipses

Lorsque le Soleil, la Lune et la Terre sont parfaitement alignés dans l'espace et sont proches d'un nœud, survient alors une éclipse. Il en existe de deux types : celles du Soleil ont lieu lorsque la Lune s'interpose entre la Terre et le Soleil. Les éclipses lunaires ont lieu lorsque la Terre se trouve entre le Soleil et la Lune.

Les éclipses de Lune sont également considérées comme néfastes pour le travail au jardin.

Certains calendriers lunaires déconseillent également le travail du jardin au moment des équinoxes.

Apogée et périgée

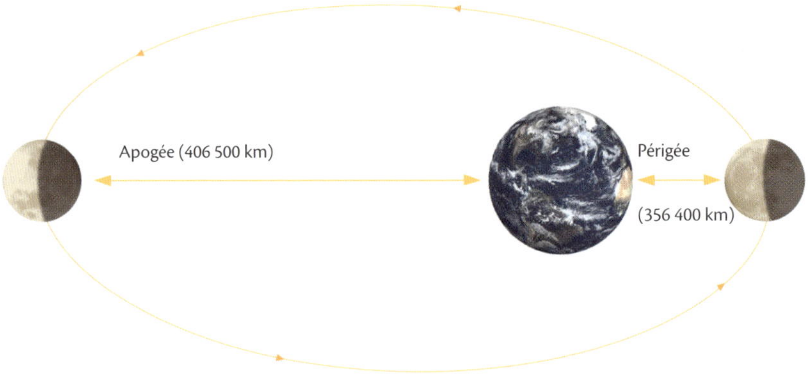

Travaux à effectuer suivant la lune

Travaux en lune montante

La lune montante favorise les parties aériennes des plantes, alors que la lune descendante favorise les racines, selon un principe analogue aux phases de croissance et de décroissance. Cependant, ces deux cycles n'étant pas coordonnés, il est difficile de respecter l'un et l'autre à la fois.

Au potager	➢ Cette période est favorable à tous les légumes dont on récolte les feuilles, qu'il s'agisse de semis, de repiquages, de soins ou de récoltes. ➢ C'est aussi en lune montante que les graines germent le mieux, c'est pourquoi tous les semis sont effectués à cette période.
Au verger	➢ La taille des arbres fruitiers se fait en lune montante, sauf pour les arbres très vigoureux. C'est à cette période que l'on prélève les greffons et que l'on procède à toutes les greffes. ➢ Les traitements sont à donner de préférence dans cette période.
Au jardin d'ornement	➢ Rosiers et arbustes sont taillés en lune montante. La pelouse est aussi tondue à ce moment.
Récoltes	➢ On récolte tous les fruits, les légumes-feuilles et les légumes-fruits (tomates, concombres, etc.).

Travaux à effectuer suivant la lune

Travaux en lune descendante	
On se rappellera qu'une lune en décours va de pair avec le reflux de la sève dans les racines : c'est donc la période favorable pour les légumes racines, les tailles et le travail du sol.	
Au potager	➢ La lune descendante est favorable aux légumes-racines (carottes, navets, radis, betteraves, choux-raves) et aux bulbes (ail, oignon), pour les semis et les repiquages. ➢ C'est également en lune descendante que l'on enfouit les engrais verts. Tous les travaux du sol, l'enfouissement des engrais et les amendements sont effectués de préférence à ce moment, car il est favorable à la vie microbienne. ➢ C'est aussi en lune descendante que l'on prélève les boutures.
Au verger	➢ La période est propice aux plantations et aux transplantations des arbres fruitiers.
Au jardin d'ornement	➢ C'est le moment de récupérer les bulbes de fleurs.
Récoltes	➢ Récolter les légumes-racines et à bulbes, notamment les pommes de terre.

La lune et la biodynamie

Le calendrier lunaire biodynamique s'inscrit dans un système philosophique qui s'inspire de thèmes très anciens, mais comprend aussi nombre d'éléments modernes : il s'écarte en fait sensiblement des traditions millénaires quant à l'influence de la lune sur les plantes.

Qu'est-ce que la biodynamie ?

Tout ce qui concerne le cycle périodique de la lune et ses phases sidérales découle des travaux et des recherches des jardiniers biodynamiques. Cette méthode de jardinage et d'agriculture est née dans les années 1920, en Allemagne. Elle résulte de l'enseignement de Rudolf Steiner (1861-1925), philosophe autrichien qui a mis au point une nouvelle définition des pratiques agricoles dans huit conférences tenues un an avant sa mort. Il s'agit de considérations, très générales et abstraites, qui ont été définies d'un point de vue pratique par ses disciples. Les méthodes biodynamiques ayant été quasi interdites en Allemagne et en Autriche par les nazis, elles ont perduré d'abord en Grande-Bretagne quand plusieurs successeurs de Steiner se sont réfugiés outre-Manche.

Steiner est le fondateur de l'anthroposophie (du grec *anthropo*, « humain », et *sophia*, « sagesse ») et a été très influencé par les travaux scientifiques de Goethe, qu'il a remis à l'honneur. L'anthroposophie se prolonge dans des conceptions pédagogiques encore d'actualité dans les écoles Waldorf et débouche sur des pratiques médicales (eurythmie, homéopathie). C'est en fin de compte une conception de la vie, tout à fait ésotérique, parfois aux limites de l'alchimie, qui embrasse presque tout le champ des activités humaines.

Le jardinage en fonction de la lune n'est qu'une petite partie de l'enseignement de Steiner, même si celui-ci a beaucoup travaillé sur les influences des astres – il a notamment écrit des ouvrages tels que *Les Douze Harmonies zodiacales* et *Solstices et Équinoxes*.

Selon lui, le jardinier et l'agriculteur doivent s'immerger dans la nature et vivre à son rythme circadien (sur 24 heures) et selon les saisons. Les pratiques steineriennes reposent tout autant sur des techniques de jardinage biologiques (comme le compostage des déchets organiques), des préparations dynamiques pour fertiliser le sol et stimuler les plantes, que sur le respect des dates des travaux en fonction des astres. Ses conceptions se fondent sur des notions d'énergie vitale et considèrent chaque jardin comme un organisme vivant.

La lune régit le jardinage biodynamique en raison de ses cycles mensuels et de son rôle gravitationnel sur l'eau, principal composant des êtres vivants.

Son enseignement prend en compte tous les rythmes : quotidien (on cueille les salades le matin, quand la sève monte, les carottes en fin d'après-midi, quand la sève descend), annuel (le soleil) et mensuel (les influences de la lune et des constellations).

Cependant, le jardinage et l'agriculture biodynamiques sont plus connus que pratiqués. Remarquons tout de même que certains domaines viticoles, parmi les plus prestigieux, se sont reconvertis dans les pratiques biodynamiques.

Le rôle de la lune en biodynamie

C'est bien la Lune qui régit le jardinage biodynamique, en raison de ses cycles mensuels et de son rôle gravitationnel pour l'eau, qui est le principal composant des êtres vivants. Le calendrier lunaire dicte tous les travaux, chaque mois et à chaque moment de la journée. Les quatre éléments, Feu, Eau, Terre et Air, si importants dans la science antique, restent à la base des pratiques biodynamiques. Selon Steiner, les végétaux se forment en quatre étapes : développement des racines (élément Terre), puis développement des feuilles (élément Eau), la floraison (élément Air), enfin la germination des graines transportées par les fruits (élément Chaleur).

À partir des années 1950, la biodynamiste allemande Maria Thun a commencé ses recherches sur les liens qui existent entre ces quatre éléments et les constellations du zodiaque. Ce sont ses travaux qui ont conduit au calendrier lunaire portant son nom. Ce calendrier s'est imposé en Europe, mais il existe d'autres travaux ayant abouti à des résultats différents.

Les quatre étapes de Steiner : développement des racines (Terre), des feuilles (Eau), des fleurs (Air), des graines (Chaleur).

La lune
et le zodiaque

La Lune a aussi un rythme sidéral, défini par le mouvement des étoiles. Dans son parcours, elle passe devant les douze constellations du zodiaque. Les constellations sont des regroupements d'astres formant des figures imaginaires, d'animaux (zodiaque vient du grec *zôon*, « animal ») et de personnages. Elles ont été imaginées par les hommes pour leur servir de repères d'orientation. En réalité, les étoiles formant une figure du zodiaque sont souvent très éloignées les unes des autres, de dizaines d'années de lumière parfois. Les astrologues grecs du Ve siècle av. J.-C. ont fait correspondre ces constellations aux mois de l'année. Mais d'un point de vue strictement astronomique, les constellations étant de dimensions très variables, le transit du Soleil et de la Lune devant ces constellations est de durée très variable (entre quelques jours et un mois et demi), et non égal à un mois.

Selon le calendrier biodynamique de Maria Thun, les influences des astres, relayées et amplifiées quand la Lune passe devant chaque constellation, sont plus importantes que celles de la lune elle-même.

La Lune dans le zodiaque indique sa position dans chacun des douze signes du zodiaque, c'est-à-dire les constellations célestes qui ceinturent la Terre. Chaque signe ou constellation ayant l'énergie d'un des quatre éléments qui la gouverne (Eau, Terre, Air et Feu), elle permet de déterminer quelle action entreprendre au jardin. Ainsi pour chaque jour, en fonction de la position de la lune dans le ciel, montante ou descendante, et du fait qu'elle traverse dans sa révolution de 27 jours (cycle sidéral) les diverses constellations, on se trouve en présence de jours feuilles, de jours fruits, de jours racines ou de jours fleurs.

– **Aux constellations de Terre (Taureau, Vierge et Capricorne)** correspondent les plantes-racines (ail, betterave, carotte, navet, échalote, oignon, radis, pomme de terre…), les fleurs à bulbes et autres légumes poussant dans le sol. La lune prévilégie les racines et

Cadran à Venise indiquant les phases de la lune et le zodiaque.

Eléments et zodiaque

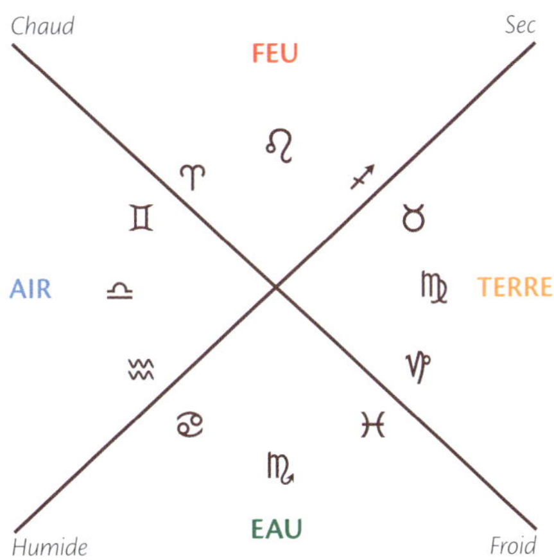

les écorces. Sous son influence, il est conseillé d'effectuer des travaux de préparation du sol, les semis et le binage.

– **Aux constellations d'Air (Gémeaux, Balance et Verseau)** correspondent les plantes-fleurs : les fleurs annuelles et vivaces, les arbres et les arbustes à fleurs, les plantes aromatiques et médicinales dont on récolte les fleurs.

– **Aux constellations d'Eau (Poissons, Cancer et Scorpion)** correspondent les plantes-feuilles (céleri, chicorée, choux, cresson, épinard, laitue, poireau) et les plantes aromatiques et médicinales dont on récolte le feuillage. L'eau est l'origine et la source de la vie, elle purifie et régénère. Cet élément influence particulièrement les parties les plus aqueuses de la plante (tige et feuille, gorgées de sève).

– **Aux constellations de Feu (Bélier, Lion et Sagittaire)** correspondent les plantes-fruits (aubergine, céréales, concombre, courge, fève, fraise, framboise, haricot, melon, piment, pois, citrouille, tomate) et les arbres fruitiers. Symbolisant la régénération, le feu est un élément qui apporte à la plante la chaleur indispensable à la maturité du fruit et de la graine pour la reproduction.

Correspondance Eléments - Constellations - Plantes

Feu Bélier, Lion, Sagittaire	**Légumes-fruits :** tomate, concombre, cornichon, poivron, aubergine, courgette, melon, potiron… Tous les fruits.
Eau Cancer, Scorpion, Poissons	**Légumes-feuilles :** salades, choux, épinard, céleri-branche, fenouil, persil, poirée (bette), tétragone, asperge, poireau…
Terre Taureau, Vierge, Capricorne	**Légumes-racines :** carotte, panais, salsifis, ail, oignon, échalote, betterave, céleri-rave, rutabaga, chou-rave, crosne, endive (mais forçage en période de légumes-fruits), navet, pomme de terre, radis, topinambour…
Air Gémeaux, Balance, Verseau	**Légumes-fleurs :** pois, haricots, fèves, artichaut, brocoli, chou-fleur, maïs doux… Roses, fleurs à bulbes, annuelles et vivaces.

Lune et constellations

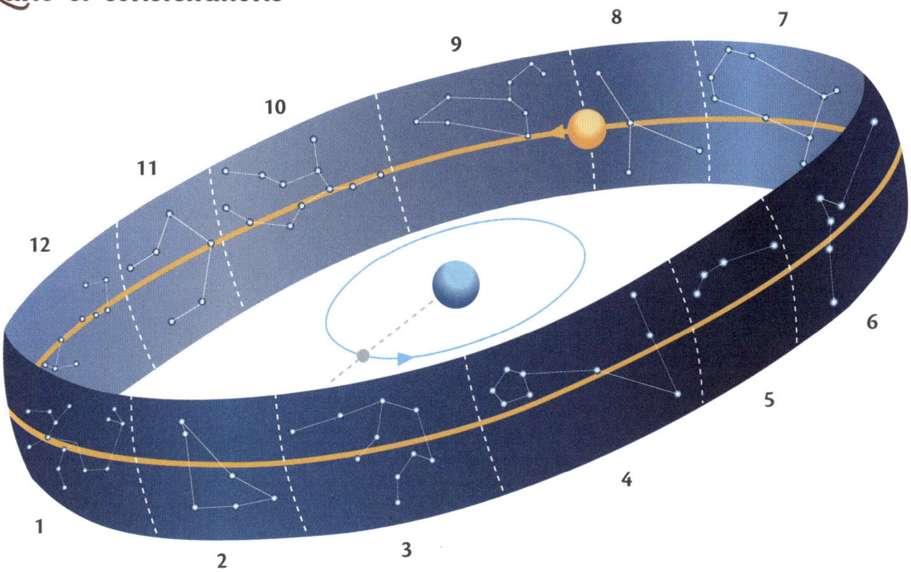

Écliptique

Soleil

Terre

Lune

Orbite lunaire

1 – Sagittaire ♐

2 – Capricorne ♑

3 – Verseau ♒

4 – Poissons ♓

5 – Bélier ♈

6 – Taureau ♉

7 – Gémeaux ♊

8 – Cancer ♋

9 – Lion ♌

10 – Vierge ♍

11 – Balance ♎

12 – Scorpion ♏

Les signes du zodiaque et le jardinage

♈	**Bélier**	Feu	Récoltez les légumes-racines et les fruits pour l'entreposage. Travaillez le sol, arrachez les mauvaises herbes et détruisez les insectes.
♉	**Taureau**	Terre	La seconde meilleure période pour les plantations et les transplantations. Bon pour les légumes-racines et les pommes de terre, surtout lorsque la rusticité est un facteur important. Est aussi un bon signe pour les légumes-feuilles comme la laitue, les choux et les épinards.
♊	**Gémeaux**	Air	Récoltez les légumes-racines et les fruits pour l'entreposage. Travaillez le sol, arrachez les mauvaises herbes et détruisez les ravageurs. Les semis de melons, courges et citrouilles répondent bien sous ce signe.
♋	**Cancer**	Eau	Le meilleur signe pour toutes les plantations et les transplantations. Aussi bon pour le greffage et l'irrigation.
♌	**Lion**	Feu	Cultivez, récoltez les légumes-racines et les fruits pour l'entreposage. Une excellente période pour arracher les mauvaises herbes et détruire les ravageurs, surtout dans le dernier quartier.
♍	**Vierge**	Terre	Les fleurs rampantes et grimpantes sont favorisées par ce signe. Travaillez le sol, arrachez les mauvaises herbes et détruisez les ravageurs.
♎	**Balance**	Air	Le meilleur signe pour la plantation des fleurs odorantes, des plantes grimpantes, des fines herbes et des plantes aromatiques. Bon pour la plantation des légumes à tiges pulpeuses et des légumes-racines.
♏	**Scorpion**	Eau	Le meilleur signe pour les plantations arbustives et grimpantes. Les tomates aiment être transplantées sous l'influence de ce signe. Il en est de même pour les semis de maïs et de Cucurbitacées. Le greffage et la taille faits sous ce signe dans le troisième et le quatrième quartier retardent la croissance et amènent une meilleure production fruitière. Également un bon signe pour l'irrigation et les transplantations.

♐	**Sagittaire**	Feu	Récoltez les légumes-racines et les oignons pour l'entreposage, plantez les arbres et les arbustes fruitiers. Un bon signe pour travailler le sol.
♑	**Capricorne**	Terre	Bon pour la plantation des pommes de terre et autres légumes-racines. Les travaux faits sous son influence encourageront une repousse forte et vigoureuse. Bon pour le greffage, la taille nécessitant une bonne cicatrisation et l'application de fertilisants organiques.
♒	**Verseau**	Air	Récoltez les légumes-racines et les fruits d'entreposage. Travaillez le sol, arrachez les mauvaises herbes et détruisez les ravageurs.
♓	**Poissons**	Eau	C'est une très bonne période pour les plantations et les transplantations, de même que pour la croissance des racines et l'irrigation.

Le potager bio

Les méthodes biologiques

Le travail du sol

Dans les champs et les jardins des maraîchers, on pratique très généralement le travail de la terre sous forme de labour. Or le labour – bêchage avec retournement – bouleverse les couches du sol. Les micro-organismes proches de la surface sont différents de ceux qui sont un peu plus profonds et en plus grand nombre ; l'activité du sol se trouve bouleversée et perturbée par ce retournement.

Le labour

Le labour est le moyen le plus simple et le plus radical pour désherber ; les mauvaises herbes – ainsi que les restes des cultures – se retrouvent enfouies, les racines en l'air peuvent être détruites par le gel. D'autre part, et lors de la même opération, le fumier épandu en surface est également incorporé au sol. Faut-il donc bannir le bêchage au jardin ?

Remarquons tout d'abord que le labour d'autrefois avec l'araire ou la charrue tirée par des animaux ne retournait guère qu'une quinzaine de centimètres de profondeur, c'est-à-dire qu'il ne mélangeait pas les couches du sol. Ce n'est qu'avec l'apparition de la charrue brabant, de la traction mécanique et de l'apport massif d'amendements puis d'engrais azotés que l'on a labouré en profondeur.

En maraîchage, le cas est différent. Les « ceintures vertes » des villes se sont souvent établies dans d'anciens marais très humifères. Après des générations de travail et d'amélioration – on dit souvent qu'il faut plus de cinquante ans pour obtenir un sol maraîcher –, le bêchage ne bouleverse pas son activité biologique.

Lors de la création d'un nouveau jardin, il est souvent indispensable de procéder à un bêchage avec retournement. Ensuite, on ne reviendra à cette pratique qu'au bout d'une dizaine d'années, ou alors après que la parcelle a été remise en herbe ou semée d'engrais vert.

Le labour se traduit dans l'immédiat par une augmentation de la fertilité, surtout s'il est suivi très vite par une mise en culture. Mais la diminution du taux d'humus qu'entraîne le labour obère à plus long terme cette fertilité et conduit le jardinier à fournir beaucoup de matière organique pour la rétablir.

Le double bêchage

D'autres pratiques, sans retournement, sont utilisées en jardinage biologique. Par exemple, le double bêchage. Il s'agit dans une première étape d'enlever à la pelle la couche superficielle du sol, sur 15 cm, et de la réserver dans une brouette ou en tas à proximité. Dans une deuxième phase, la couche plus profonde du sol de la

Le bêchage est une nécessité pour aérer le sol.

planche ou plate-bande est ameublie sans retournement avec une fourche-bêche ; on enlève les pierres, les racines pivotantes des mauvaises herbes, en ajoutant éventuellement du sable grossier ou des gravillons pour améliorer le drainage d'un sol lourd. Enfin, on remet la couche superficielle en place, en évitant bien sûr de la piétiner ensuite. Sur une grande superficie, la terre superficielle de la deuxième planche est remise sur la terre plus profonde de la première, et ainsi de suite. La terre humifère de la première planche, réservée dans une brouette, est ajoutée à la dernière planche.

Cette pratique nécessite beaucoup d'efforts, surtout pour un potager. Mais elle n'est nécessaire qu'au démarrage.

Les planches surélevées

Une autre façon de faire consiste, après avoir ameubli la terre sur les quinze premiers centimètres d'une planche ou plate-bande, à décaper le sentier ou l'allée qui la jouxte de cette couche superficielle humifère et de l'ajouter à la planche. On obtient ainsi une butte. Cette méthode ne convient pas bien aux terres légères, qui s'assèchent très vite en été, les planches surélevées étant mieux drainées.

Le jardinage en buttes

Une planche en butte permet sur un petit espace de disposer d'expositions variées selon que l'on se situe d'un côté ou de l'autre de la butte ou encore au sommet, ainsi que d'une superficie supérieure pour cultiver plus de légumes. Sa composition lui assure aussi plus de chaleur et permet des récoltes un peu plus précoces.

Pour faire une telle butte, il faut enlever et réserver les quinze centimètres de terre la plus fertile. La petite tranchée ainsi faite sera comblée de matériaux divers, à savoir : une bonne couche de branchettes plus ou moins broyées, puis de feuilles et de mulch de gazon sec bien compactés, ensuite de compost en cours de décomposition, enfin de compost mûr. Le tout est recouvert de la terre précédemment réservée. Au cours des cultures, la surface de la butte est paillée, à partir de la mi-mai, pour éviter l'évaporation de l'eau. Les matériaux au cœur de la butte vont fermenter en chauffant et se décomposer alors que, dans le même temps, les plantes se développent en enfonçant leurs racines vers ces matières nutritives. À la saison d'après, cette butte

Le binage stimule l'activité biologique du sol et limite l'évaporation de l'humidité.

est détruite et laisse place à une planche au sol notablement enrichi.

Sarclages et binages

Il n'est pas aberrant de laisser le sol nu au début du printemps, ce qui facilite le réchauffement du sol. Les cultures à cycle rapide comme les radis, les salades peuvent ne jamais être paillées. Pour les autres, des binages répétés sont nécessaires, avant de pailler le sol, pour éviter des arrosages.

Le binage sur les deux premiers centimètres du sol crée d'ailleurs une sorte de paillage. Il stimule l'activité biologique du sol et limite l'évaporation de l'humidité. Les mauvaises herbes à racines superficielles sont déracinées, la partie aérienne des autres coupée. En utilisant diverses binettes, de type sarcloirs, grattoirs, griffes, à pousser et à tirer, en alternance, on lutte plus efficacement contre l'enherbement. Si le sol a tendance à être occupé par de nombreuses mauvaises herbes vivaces, c'est le signe que la superficie de jardinage est trop grande.

Le désherbage thermique s'est popularisé ces dernières années. Il est surtout indiqué pour les allées gravillonnées, ainsi que pour la base des murs et les joints qu'il est difficile de désherber. C'est une solution alternative bio à l'emploi de désherbants.

Expérimentez la mycorhize

Une mycorhize est l'association entre un champignon du sol et les racines d'une plante sur lesquelles il se fixe. Le champignon profite des éléments carbonés (sucres, protéines...) synthétisés par la plante, et indispensables à sa survie. En échange, il offre à la plante le fin réseau qu'il tisse dans le sol avec ses innombrables filaments, lui permettant d'absorber plus d'eau et de sels minéraux.

Une plante mycorhizée croîtra beaucoup mieux et s'avérera plus résistante aux maladies et aux parasites du sol. Près de 90 % des végétaux verts peuvent s'associer à un champignon mycorhizien. C'est le cas de la plupart des légumes, à l'exception des crucifères (choux, navets...) ou des épinards. Les résultats sur les légumes fruits (tomates, poivrons, aubergines...) sont spectaculaires : plants vigoureux, récoltes abondantes.

Pour favoriser la mycorhization, vous devrez ensemencer le sol au printemps avec des champignons responsables des mycorhizes (trouvés au rayon « jardin potager », dans la catégorie des stimulants racinaires). Ensuite, veillez à ne pas retourner la terre trop en profondeur, à limiter les apports d'engrais et à pratiquer la rotation des cultures.

Le compostage

L'économie du jardin biologique repose en grande partie sur la pratique du compostage de tous les déchets organiques produits dans la maison et au jardin. Il s'agit de remplacer le fumier de l'agriculture traditionnelle, fumier fait de la litière des animaux de ferme recevant leurs déjections et décomposé après avoir été mis en tas.

Les déchets verts de la cuisine peuvent bien sûr aller au compost.

Que mettre dans le compost ?

Le tas de compost accueille tous les déchets de cuisine, épluchures, etc. ; les déchets les plus durs comme la peau des melons et des bananes doivent être coupés en petits morceaux pour se décomposer plus vite, les coquilles d'œufs émiettées. Mais une famille, même si elle consomme beaucoup de fruits et de légumes, ne produit pas suffisamment de déchets pour faire un compost.

Il faut donc ajouter tous les éléments végétaux produits par le jardinage. Les tailles de gazon fournissent une grande quantité de matériaux, en excès même. L'inconvénient est que l'herbe fraîchement tondue devient rapidement un magma visqueux et un peu nauséabond, qui se composte mal. Pour éviter cet inconvénient, plusieurs possibilités s'offrent au jardinier bio. On peut par exemple alterner les tontes avec ramassage avec celles qui sont mulchées – un dispositif bouche la trappe d'éjection de l'herbe, obligeant la lame de la tondeuse à broyer l'herbe qui reste sur place. On peut aussi tondre en ôtant le panier de ramassage, en laissant le gazon coupé sécher sur place. Ce gazon sec sera ensuite ramassé par un second passage avec la tondeuse munie de son panier. C'est un peu plus long mais cela permet de mieux utiliser cette précieuse source d'azote, essentielle à la fertilisation.

Trop de gazon dans le compost déséquilibre sa composition. D'autres déchets moins riches doivent être incorporés : les feuilles des arbres caducs, les tailles de haies. Certaines feuilles, telles celles du chêne, se décomposent difficilement ; aussi faut-il les broyer. Il en est de même des tailles aoûtées (devenues ligneuses) et des trognons de choux.

Des pousses d'orties, pas encore en graine, sont un activateur précieux pour le compost. Quelques touffes d'orties dans un coin retiré du jardin ne sont pas une aberration, d'autant que les plus jeunes pousses font de très bonnes soupes.

L'activateur de compost

Lorsque votre compost comprend beaucoup de matières lentes à se décomposer, vous pouvez acheter un activateur de compost dans une jardinerie ; ce type de produit contient des bactéries vivantes et des enzymes qui vont accélérer la décomposition des matières. (Attention tout de même, car, même si ces produits commerciaux sont efficaces en raison de leur haute teneur en azote et réchauffent rapidement le compost, il n'est pas toujours facile de contrôler la quantité d'azote que vous ajoutez, et un éventuel excès pourrait s'échapper dans l'atmosphère sous forme d'ammoniac.)

Il est également possible d'ajouter des orties entières ou bien du purin d'ortie qui apporteront de l'azote et des micro-organismes, ou bien de la corne torréfiée ou du sang desséché qui, eux aussi, contiennent beaucoup d'azote.

Que faut-il exclure du compost ?

On peut presque tout mettre sur le tas de compost : les cendres de bois, par exemple, très riches mais qui peuvent avoir un effet négatif sur la structure des sols argileux si elles sont répandues directement sur le sol ; la terre des potées de fleurs, le marc de café et de thé, jusqu'au contenu du sac de l'aspirateur, les poils de nos animaux de compagnie après brossage, mais il faut exclure les litières du chat ainsi que les crottes du chien laissées sur la pelouse. Les mauvaises herbes sarclées (dont seule la partie aérienne a été coupée) peuvent y trouver place, sauf si elles sont montées à graine. Les racines de chiendent, de pissenlit ou de rumex n'y seront pas ajoutées. De petites quantités de papier ordinaire et de carton déchirés en morceaux et humidifiés sont acceptables ; trop de papier est à éviter, en particulier les prospectus publicitaires et les magazines, qui doivent être mis de préférence au container dédié à ces déchets.

Attention, certains déchets comme les os peuvent attirer des prédateurs, voire des rongeurs. Il vaut mieux les enterrer. Les cendres de charbon ne doivent pas être incorporées au compost. Les fanes de tomates peuvent s'y retrouver, de même que celles de pommes de terre. Mais pas les vieilles pommes de terre, qui repoussent dans le compost !

Les auxiliaires

La présence de quelques petits animaux domestiques est précieuse, leur fumier sera une source d'enrichissement du compost. La poule aime gratter et se révèle un auxiliaire très efficace pour brasser un tas de compost. À cet effet, on peut prévoir une caisse dans laquelle on mettra les déchets, qu'elles se chargeront de remuer énergiquement. Il suffit de renouveler régulièrement le contenu de cette caisse pour obtenir plus rapidement un compost bien décomposé.

Le tas de compost ne dégage pas de mauvaises odeurs, contrairement à ce que l'on croit. Il faut le remuer aussi souvent que possible.

Il est bon d'avoir deux tas de compost, l'un où l'on met les déchets végétaux, l'autre où les déchets les plus anciens se décomposent. Le composteur proprement dit doit être aéré sur les côtés et protégé des pluies l'hiver par un couvercle.

Le compostage de surface

Une autre façon de décomposer les déchets végétaux est de les étaler sur une faible épaisseur directement sur le sol. Autour des arbres, par exemple, il y a tout intérêt à laisser les tontes de gazon sans les ramasser. Les mauvaises herbes sarclées se décomposent rapidement. Les fanes de tomates, de pommes de terre, de potiron peuvent aussi être laissées sur place, elles seront à moitié détruites pendant l'hiver et facilement enfouies avant culture. Il en est de même pour les engrais verts fauchés et cisaillés qui sont laissés à pourrir sur la parcelle. L'inconvénient, ou plutôt la conséquence, c'est que l'on ne disposera pas d'une quantité suffisante de matériaux pour constituer un tas de compost, seul à même de décomposer les matériaux durs. C'est la taille du jardin qui conditionne le choix d'un tel système de compostage : un simple potager ne le permet pas, mais une grande superficie de gazon et la présence d'une bonne longueur de haie changent la donne.

Protéger la terre

Dans la nature, un sol ne reste pas nu en permanence, il est rapidement colonisé par des végétaux. Un terrain laissé en friche se couvre d'abord d'un épais feutrage d'herbe, d'où émergent des ronces et des broussailles sous lesquelles le sol est presque nu. Bref, le sol laissé nu autour des légumes ne le reste pas longtemps. Dans la mesure du possible, le jardinier bio couvre le sol pour maintenir sa fertilité et une texture meuble.

Le paillage

Dans le potager, le sol est paillé (on utilise également le terme anglais « mulching ») ou couvert d'un engrais vert pendant l'hiver pour empêcher le lessivage des éléments nutritifs et le tassement du sol par les intempéries ; dans les sols argileux, le terrain peut être laissé nu. Il est à nouveau paillé lorsque le sol est réchauffé vers la fin du printemps, tant pour limiter les mauvaises herbes que les arrosages. On peut recouvrir le sol avec une couche épaisse d'un matériau organique (cosses de cacao, paillettes de chanvre ou de lin, paille, copeaux de bois, etc.) ou inorganique (gravier, pétales d'ardoise, cartons recyclables...).

À noter qu'il existe un paillage particulier consistant à placer un morceau de carton qui enserre le pied des jeunes choux, ainsi préservés des pontes d'un de leurs parasites, la mouche du chou.

Les copeaux de bois sont parfaits pour un paillage qui joue aussi sur le côté ornemental.

Le BRF ou bois raméal fragmenté

Le BRF (bois raméal fragmenté) est un broyat de rameaux verts issus d'essences de feuillus fragmentés et broyés. Une fois décomposé, il permet à la fois de pailler et de régénérer les sols. La terre devient ainsi plus fertile, la faune et la flore du sol se développent et l'humidité est très bien conservée.

Le broyage des rameaux verts permet d'obtenir du BRF.

Paillage

Pour le paillage, étalez votre BRF sur une épaisseur de 3 à 5 cm au pied des arbres, des arbustes ou des vivaces dans les massifs, entre les rangs de votre potager, et même dans vos pots. Comme tout paillage, il limite le développement des mauvaises herbes et conserve l'humidité du sol pendant la période chaude, réduisant ainsi grandement le nombre des arrosages. Lorsque le bois commence à se décomposer et à disparaître dans le sol, remettez une couche de paillage.

On peut également incorporer directement le BRF dans le sol par un griffage, sur une profondeur de 5 à 15 cm selon les sols, pas plus, car le processus de dégradation a besoin d'air. Pour cela, étalez vos broyats sur une épaisseur de 1 à 2 cm. La première année, vous pouvez ajouter du compost ou du fumier, qui vont apporter l'azote nécessaire au processus de décomposition. Une fois griffé, votre sol est prêt à être semé ou planté. Renouvelez l'opération tous les ans.

Au fil du temps, le bois va se décomposer grâce aux micro-organismes et aux champignons, une décomposition d'autant plus efficace que les branches broyées étaient encore vertes et de petit diamètre lors du broyage. Cette décomposition va enrichir le sol en éléments organiques et va structurer les sols légers et alléger les sols lourds. L'augmentation de la couche d'humus ainsi formée favorise l'activité de la faune du sol et nourrit les plantes de façon naturelle. Il faut savoir que les ligneux (végétaux composés de bois) forment plus d'humus que les herbacées et un humus plus riche. Cet humus accroît les rendements des cultures de façon spectaculaire et les arrosages sont fortement diminués.

Comment faire du BRF ?

Utilisez des essences locales car mieux adaptées à votre milieu, et uniquement de feuillus (tels que le chêne, le noisetier, l'érable, le peuplier, le tilleul, etc.), sauf le noyer (qui contient une substance connue pour ralentir la croissance des végétaux). Il est recommandé de mélanger les essences de feuillus, et, si vous voulez quand même utiliser des branches de résineux, n'en mettez pas plus de 20 % dans votre mélange. N'utilisez que des rameaux dont le diamètre est inférieur à 7 cm car les jeunes branches sont les plus riches ; elles contiennent 75 % de la totalité des minéraux, des acides aminés, des protéines et des catalyseurs de l'arbre. Utilisez votre bois juste après la taille de vos haies, l'élagage de vos arbres d'ornement, la taille de vos fruitiers... et ce, pendant la période dormante, avant la poussée de sève qui a lieu en février ou en mars, selon les espèces. En effet, les champignons attaquent plus facilement la lignine en formation que la lignine mûre. De plus, la présence d'azote dans ces branchages favorise le développement des bactéries et des champignons. Fragmentez les branches puis passez-les au broyeur. Si vous ne broyez pas le bois, l'écorce des branches va empêcher les bactéries et les champignons de pénétrer. Une fois le bois mis à nu, les organismes décomposeurs vont pouvoir attaquer la lignine. Étalez votre BRF juste après le broyage.

• Les engrais verts

Les engrais verts sont des plantes fourragères que l'on sème en place à l'automne, puis que l'on fauche et enfouit dans le sol au printemps. Ils se décomposent rapidement et contribuent à l'amélioration de la structure du sol. Mais avoir recours aux engrais verts suppose que vous laissiez une ou plusieurs parcelles sans plantation de l'automne au printemps suivant. Ils sont recommandés pour le potager, qui offre souvent un terrain nu pendant l'hiver, et sont très utiles après la culture de légumes-feuilles ou de tomates pour redonner un taux d'azote favorable aux prochaines cultures.

Un apport de matières organiques

Les racines de ces plantes ont une action sur la structure du sol car elles ameublissent la terre. La décomposition des engrais verts est bonne pour la terre du jardin car elle constitue un apport de matières organiques et d'azote que vos cultures utiliseront ensuite. Les matières organiques décomposées forment l'humus, qui améliore la structure physique du sol en favorisant le drainage et la rétention d'eau. Les engrais verts améliorent également la structure chimique du sol grâce, notamment, à l'apport important d'azote. De plus, ces plantes vont éviter la prolifération des mauvaises herbes, en occupant une parcelle nue pendant plusieurs mois.

Comment procéder ?

Vous semez vos graines en place sur la parcelle nue à l'automne. Vous les laissez pousser puis, au printemps, avant la floraison ou juste après, mais surtout, avant la montée à graine, vous les fauchez. Si possible, vous les broyez (en passant la tondeuse dessus), puis les enfouissez dans le sol par un labour. Il est également possible de semer en août ou en septembre lorsqu'une parcelle se libère ; dans ce cas, vous faucherez et labourerez vos engrais verts en décembre.

Les différents types d'engrais verts

Parmi les plantes intéressantes, citons la phacélie (*Phacelia tanacetifolia*), qui pousse vite, étouffe les mauvaises herbes et produit de jolies fleurs mauves attirant les bourdons. Elle peut être semée entre mai et juillet, jusqu'à début août.

Mais, dans une parcelle modeste, on n'a pas toujours une planche libre. Il est cependant intéressant d'avoir par exemple un quart du potager libre, surtout dans le cas d'un sol précédemment maltraité, comportant des remblais – à la suite d'une construction récente –, pauvre ou très compact. La pratique de l'engrais vert est le seul moyen d'améliorer rapidement le sol du potager.

Si l'on veut semer un engrais vert après la dernière culture de saison, c'est souvent trop tardif pour que cet engrais vert atteigne un bon développement et apporte suffisamment d'humus. Il faut le semer en août, période où il n'est pourtant pas trop tard pour semer et replanter des légumes. Seuls la moutarde et le seigle peuvent être semés fin août, et même jusqu'à la fin du mois de septembre pour le seigle.

La moutarde blanche (*Sinapis alba*) pousse très vite, elle est détruite par les grands froids, mais il ne faut pas oublier qu'elle appartient à la famille des choux et autres brassicacées (radis, navets) et qu'on ne pourra pas cultiver ces légumes avant 5 ans sur la parcelle ayant reçu de la moutarde.

En ce qui concerne le seigle, très résistant au gel, étouffant les mauvaises herbes, il doit être broyé avant son enfouissement en début de printemps.

La vesce commune, moins courante, est une légumineuse très intéressante, fixant l'azote de l'air, exubérante et résistante au froid. Elle peut aussi être semée en début d'automne. Dans des sols pauvres en potasse et en phosphore, elle permet de les leur restituer sous forme concentrée.

Les légumineuses comme le trèfle, la luzerne ou le fenugrec ont la capacité de capter l'azote présent dans l'atmosphère par l'intermédiaire de bactéries.

Enfin, une des meilleures couvertures du sol se trouve être le gazon. C'est la principale plantation qui enrichit le sol en azote. On peut le semer au début de

Moutarde blanche.

septembre, il aura le temps de prospérer. Il peut être un engrais vert pendant plusieurs années, qui permet au sol d'un potager de reconstituer sa fertilité ou de gommer des erreurs de jardinage. C'est une pratique à conseiller, par exemple tous les 10 ans.

La rotation des cultures

En agriculture, la rotation des cultures est dénommée assolement. Cela consiste à ne pas cultiver d'année en année la même plante sur le même terrain. Sinon, c'est le plus sûr moyen de multiplier les parasites, de favoriser les maladies, avec souvent un phénomène de « fatigue du sol » où s'accumulent les toxines sécrétées par les plantes. De ce fait, certaines mauvaises herbes prolifèrent. Dans une large mesure, tous ces problèmes restent peu apparents lorsqu'on utilise les méthodes conventionnelles : mais, au fil des ans, il faut mettre davantage d'engrais, employer plus de traitements et d'herbicides. Les agriculteurs, même les plus convaincus des techniques chimiques, reviennent peu à peu aux assolements.

Les premières intéressées

Une rotation stricte s'impose pour certaines familles de plantes : les Brassicacées (= Crucifères, choux de toutes sortes, navets, rutabagas, radis, cresson, moutarde) ne doivent pas se retrouver sur la même planche avant 5 ans. Même régime pour les alliacées (= Liliacées, ail, échalote, oignon, poireau) ainsi que pour les pois, qui, plus que les haricots, demandent une rotation accélérée de l'emplacement de leur culture. Certaines cultures de tomates et de pommes de terre ayant été atteintes de maladies ne doivent pas revenir sur le même terrain avant le même intervalle. Il en est de même si les racines des carottes présentent des taches violettes et finissent par pourrir.

Comment établir une rotation

Pour établir une rotation, il s'agit surtout de placer au départ, au moment où l'on incorpore une bonne quantité de compost, une plante gourmande.

La pomme de terre est une bonne tête d'assolement. Du fait qu'elle exige plusieurs techniques de culture, le buttage, notamment, elle fait partie des plantes « nettoyantes ». La présence de mauvaises herbes ne la gêne pas trop, l'ombre de sa végétation importante aide le jardinier dans le désherbage, enfin elle s'accommode d'un compost pas trop mûr. Mais ce légume prend beaucoup de place et n'est pas forcément indiqué dans un petit jardin.

Les Cucurbitacées (courge, potiron, melon) sont des plantes aussi exigeantes quant à la richesse du sol que pour l'ensoleillement ; elles peuvent aussi se trouver en tête de rotation. Dans les petits jardins, les solanacées

La rotation des cultures (ou assolement) permet à la terre de reconstituer ses ressources. Ainsi, le potager est divisé en six parcelles sur lesquelles seront cultivées séparément les familles de légumes. Le but étant de ne pas entretenir les mêmes légumes sur la même parcelle deux années de suite, on décalera les cultures d'une année sur l'autre, sauf celle des plantes aromatiques, qui restera fixe.

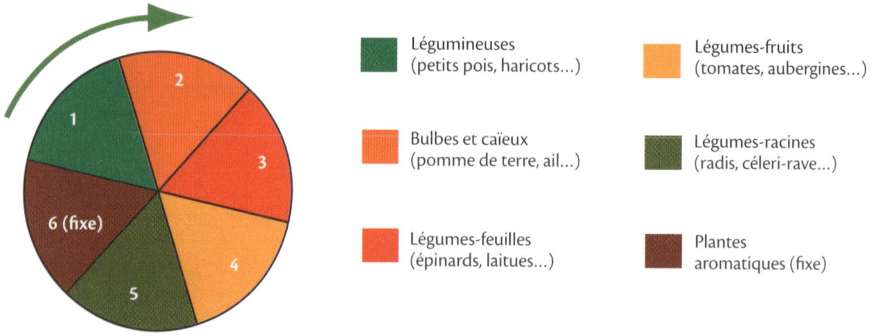

comme les tomates, les aubergines, les poivrons et les piments feront l'affaire pour démarrer une rotation.

Le deuxième principe est de faire se succéder des légumes développant des organes différents : les légumes-racines (incluant les bulbes et les tubercules), les légumes-feuilles, les légumes-fruits, et enfin les légumes-graines.

Une organisation indispensable

Pour s'y retrouver, il est primordial de tenir un carnet de notes ; même dans un jardin modeste on finit par s'y perdre, d'autant que dans cette rotation il faut tenir compte des plantes gourmandes (les choux, sauf le chou de Bruxelles, les Cucurbitacées, les Solanacées telles que tomates, courges..., le poireau), des plantes plus gourmettes (carottes, haricots, laitues, pois, betteraves) et des plantes frugales (oignons, échalotes, ail mais aussi navets, radis et endives) qui se retrouvent dans des familles différentes.

Des perfectionnistes tiennent également compte des familles botaniques des légumes – une dizaine. Bref, la rotation des cultures peut devenir un vrai casse-tête si on veut la pousser à fond. Il faut avant tout éviter de faire des erreurs concernant bulbes et Brassicacées, mais aussi tenir compte des exigences en compost des plantes.

Les bons mariages

Il s'agit de faire voisiner sur la même ligne (ou sur deux lignes voisines) deux légumes différents, pour les influences bénéfiques qu'ils ont entre eux, afin de mieux occuper l'espace, ou encore pour qu'un légume bénéficie de l'effet protecteur ou répulsif de l'autre face aux maladies et aux parasites.

Quelques exemples

Les choux ont un cycle végétatif long alors que les laitues ont une croissance rapide ; on peut donc espacer un peu plus les choux de façon à pouvoir planter (on dit « contre-planter ») des laitues dans l'intervalle, ou intercaler les rangs de laitues et de choux.

La carotte est sensible à un parasite, la mouche de la carotte, qui sera perturbée par l'odeur forte de la coriandre semée en même temps. De même, en alternant cette fois rangs de carottes et rangs d'oignons, on peut dérouter à la fois la mouche de la carotte et celle de l'oignon. Les tomates s'accommodent très bien de persil planté à leur pied.

Le semis de maïs et de haricot peut s'avérer aussi judicieux. Ces deux plantes se sèment au même moment et le maïs pourra profiter de l'azote de l'air que les racines des haricots ont fixé, lorsque ces derniers auront fini leur cycle, le maïs étant encore en pleine végétation. Le maïs peut encore se retrouver dans la planche dévolue aux potirons, l'un se développant en hauteur, l'autre en surface, les deux légumes étant également voraces.

Les radis n'ont pas nécessairement besoin qu'on leur réserve des rangs, on peut les semer (clair) parmi les carottes, l'éclaircissage desdites carottes en sera facilité. En revanche, les haricots et les pois ne font bon ménage

On peut associer favorablement des légumes entre eux, mais aussi des légumes avec des fleurs.

	Association favorable	Association défavorable
Ail	✔ tomate, carotte, betterave, laitue, fraisier	✗ haricot, pois, fève
Asperge	✔ poireau, chou, pois, haricot, tomate, persil, basilic, concombre	✗ rhubarbe, betterave
Aubergine	✔ haricot, souci, chanvre	
Carotte	✔ poireau, salades, pois, tomate, oignon, ail, ciboulette, coriandre, tanaisie, romarin	✗ panais, pomme de terre, aneth, fenouil
Choux	✔ asperge, haricot, pois, céleri, pomme de terre, chanvre, thym, sauge, romarin, menthe	✗ moutarde
Concombre	✔ oignon, pois, salades, haricot, asperge, basilic, origan, capucine	✗ tomate, aubergine, pomme de terre
Courges	✔ laitue, souci, capucine	✗ pomme de terre
Épinard	✔ salade, haricot, pois, poireau, fraisier	✗ oseille, coriandre
Fraisier	✔ laitue, haricot, tomate, épinard, thym	✗ chou-fleur
Haricot	✔ pomme de terre, céleri, poireau, chou, carotte, asperge, salades, épinard, concombre, fraisier, aubergine, sarriette, souci	✗ tomate, ail, oignon, fenouil
Oignon, échalote	✔ concombre, carotte, tomate, salades	✗ poireau, pois, fève, haricot
Poireau	✔ tomate, carotte, rhubarbe, céleri, salades, oignon	
Pois	✔ carotte, pomme de terre, radis, concombre, courges, navet	✗ ail, oignon, échalote, poireau
Pomme de terre	✔ pois, haricot, chou, céleri, chanvre, ricin, raifort sauvage	✗ tomates, Cucurbitacées, carotte, fraisier, framboisier
Radis	✔ salades, cresson, pois	✗ cerfeuil, haricot
Salades	✔ carotte, chou-fleur, poireau, radis, fraisier, céleri, concombre, courges	✗ laurier, persil
Tomate	✔ asperge, carotte, ail, oignon, persil, aneth, basilic, œillet d'Inde, chanvre, souci	✗ pomme de terre, haricot, fenouil, Cucurbitacées

ni avec l'ail ni avec l'oignon; le radis ne prospérera pas parmi les choux. Ces derniers sont incompatibles avec les chicorées alors qu'ils s'entendent bien avec les laitues.

Les plantes « compagnes »

On peut envisager les associations de plantes d'une manière plus large. Un exemple classique est de planter entre des plants de tomates des pieds d'œillets d'Inde, qui repoussent certains parasites. Des bulbes d'ail – qu'on laisse fleurir – et de la ciboulette au pied des arbres fruitiers empêchent l'apparition de plusieurs maladies, de même que le raifort.

D'un point de vue strict, on ne peut pas dire que des cultures différentes sont associées ; le principe est seulement de faire voisiner une culture avec une plante à odeur forte ou une plante qui attire sur elles des parasites. La capucine attirant énormément les pucerons, ils s'y retrouvent tous et délaissent des cultures moins attractives pour eux. On peut observer souvent que les hampes de digitales et de bouillons blancs sont couvertes de pucerons : plutôt que de les traiter, il s'agit de les sacrifier : tant que les parasites seront sur ces plantes, ils ne coloniseront pas d'autres plantes productives. Il est à noter que la présence de lupins, de chèvrefeuille et d'orties – qui sont parmi les proies favorites des pucerons – ne favorisera pas l'infestation des autres cultures du jardin, mais permettra leur concentration sur eux.

Les engrais et les amendements

Un sol vivant et en bonne santé, en particulier en raison d'apports suffisants d'humus et de soins spécifiques, n'a pas besoin d'engrais chimiques et pas davantage d'engrais « naturels » ou compatibles avec la culture biologique. Dans bien des cas, des engrais « coup de pouce » rendent les plantes plus fragiles et sensibles aux maladies et aux parasites, augmentent leur taux de nitrate (elles sont moins saines). Dans d'autres cas, ces engrais sont apportés trop tôt ou trop tard, ils seront dissous par les pluies.

Les engrais organiques

Les engrais organiques sont à ajouter plutôt au compost que directement dans le sol. Par exemple, la cendre de bois l'enrichit en chaux, en potasse et en phosphore – à éviter dans un sol calcaire, bien sûr. Les fientes de volailles, même mêlées de paille, sont très riches en azote et doivent être mises sur le compost plutôt qu'enfouies directement dans le sol.

Il existe dans le commerce de plus en plus d'engrais organiques biologiques qui apportent soit de l'azote (poudre de sang, de corne, guano), soit du phosphore (poudre d'os), soit du potassium (zéolithes). Les formules riches en phosphore et en potasse sont destinées à la fertilisation des fruitiers, celles à dominante en azote et en phosphore vont de préférence au potager. Mais comment savoir si le sol du jardin manque d'un ou de plusieurs de ces éléments – auquel d'ailleurs il faudrait ajouter le magnésium ?

L'azote (N)

Il agit sur le développement des parties aériennes de la plante (la tige et le feuillage). C'est l'élément essentiel de l'alimentation des végétaux car c'est lui qui leur permet de pousser. Les plantes qui en manquent poussent lentement, leurs feuilles sont vert clair. L'azote est nécessaire en permanence ou presque, mais en petites quantités, parce que le sol ne le retient pas bien et qu'il s'infiltre (sous forme de nitrate) dans le sous-sol. En outre, trop d'azote peut causer l'étiolement de la plante, voire provoquer des brûlures.

Le phosphore (P)

Il agit sur le développement des racines de la plante, améliore la résistance aux maladies cryptogamiques et bactériennes, ainsi que la fécondation (donc la floraison, la reproduction et la fructification). Une carence

en phosphore se remarque par une floraison peu abondante.

Le potassium (K)
Il agit sur le développement des fleurs et des fruits de la plante, ainsi que sur le développement des bulbes et des légumes-racines, en favorisant l'accumulation des sucres. Il régularise les échanges intercellulaires, améliore la résistance à la sécheresse et aux maladies ainsi que la rigidité des tiges. Son action se remarque par une coloration plus vive des fleurs et des fruits.

Les oligo-éléments
Les oligo-éléments sont nécessaires pour éviter toutes sortes de carences. Citons notamment :

Le magnésium (ou la magnésie, qui est la forme assimilable par les plantes, car le magnésium n'est pas soluble) est contenu dans la chlorophylle ; il est donc important pour la photosynthèse car il participe aux transformations chimiques effectuées par celle-ci.

Le calcium joue un rôle fondamental dans de nombreux phénomènes physiologiques, tels que la régulation de la transpiration par les feuilles.

Le soufre est nécessaire à la croissance des plantes. Il joue un rôle essentiel dans le métabolisme des vitamines. Le soufre est responsable de l'odeur et de la saveur de certaines plantes comme l'ail.

Un apport raisonné
Il ne faut pas perdre de vue que le sol contient tous ces éléments en quantité suffisante, mais ils ne sont pas toujours disponibles pour les plantes si ce sol manque d'activité biologique. L'enrichissement en humus favorise l'augmentation des micro-organismes, des bactéries, des champignons et des microbes, lesquels libèrent les éléments nutritifs nécessaires aux plantes.

On peut utiliser les engrais biologiques comme des compléments, notamment les premières années, pour les sols pauvres. Ils agissent comme des stimulateurs. Il suffit d'en mettre une poignée par mètre carré, mais pas tous les ans.

Les engrais maison : les purins d'ortie et de consoude

Le jardinage biologique emploie beaucoup les purins de deux plantes vivaces très riches en éléments fertilisants. L'ortie est une « mauvaise herbe » qui pousse dans des sols riches en humus, elle a de nombreux emplois en jardinage. On peut en effet l'étaler, entière ou hachée, directement sur le sol, ou encore au fond du trou de plantation des tomates, sous forme hachée. Elle fertilise et tend à protéger les plantes des maladies. Mise au compost, elle agit comme un activateur. Il est donc fort utile d'en laisser quelques touffes au fond du jardin, à moins de pouvoir en récolter à proximité dans les friches et les terrains vagues – mais pas sur le bord des routes, où elles sont polluées par la circulation automobile.

Le purin d'ortie
Le purin d'ortie est riche en azote et en fer, c'est donc un très bon fertilisant qui active la croissance, améliore la productivité et la qualité des légumes et accroît aussi les défenses immunitaires de la plante. De plus, il sert d'insecticide contre les pucerons et les acariens, la mouche de la carotte et le ver du poireau.

Comment faire un purin d'ortie ? Récoltez des tiges et des feuilles d'orties et mettez-les dans un seau ou un bidon en plastique (pas de récipient métallique). Tassez avec une grosse pierre et recouvrez avec de l'eau de pluie. Placez dans un endroit ensoleillé et laissez macérer pendant 15 jours. On peut remuer de temps en temps. Il faut ensuite filtrer le jus obtenu, très odorant ! Cette filtration doit être très soigneuse pour une utilisation dans un pulvérisateur. Finissez par une filtration avec une gaze. Les orties sont ensuite mises au tas de compost. Ce purin concentré peut être conservé une quinzaine de jours en récipient fermé.

Il faut enfin diluer le purin – à 10 % – avec de l'eau pour pulvériser les légumes.

Orties

Consoude

Seules contre-indications : ne pulvérisez pas sur les tomates et les concombres, seulement le sol à leur pied. N'arrosez pas non plus les plantes à fruits destinés à la conservation, en particulier le potiron.

Le purin de consoude

La consoude des jardiniers n'est pas la plante sauvage qui pousse dans de nombreux terrains humides. Il s'agit de la consoude de Russie *(Symphytum uplandicum)*, ornementale beaucoup plus grande et vigoureuse. Les deux se caractérisent par une grande richesse en éléments fertilisants, en particulier en potasse. On peut les employer comme engrais sur le sol ou dans le sol mais aussi en purin, par macération, puis filtration et dilution. Il s'utilise alors comme un engrais liquide, très utile pour tous les légumes-fruits dans leur phase de croissance. Il faut réserver dans le jardin une place à la consoude, y compris en créant un coin humide. Remarquons qu'une macération de fumier est un engrais liquide au même titre que les purins d'ortie et de consoude, mais qu'il n'a pas les mêmes vertus stimulantes qui rendent les plantes plus résistantes aux maladies que le purin d'ortie.

Comment faire un purin de consoude ? Le purin de consoude se prépare de la même manière que celui d'ortie. La macération est plus longue puisqu'il a essentiellement un rôle d'engrais : elle dure un mois. On ne l'emploie que pour des arrosages du sol, il n'est donc pas besoin de le filtrer finement.

Il s'utilise toujours dilué. Faites une solution diluée à 5 % pour la pulvérisation sur les feuillages. Diluez à 20 % pour l'arrosage au pied des plantes. Le purin de consoude est très efficace au printemps au démarrage de la végétation, une première fois à la plantation, puis tous les 10 ou 15 jours environ.

Les amendements

Les amendements sont des apports de matériaux organiques ou minéraux réalisés non pour enrichir le sol mais pour en changer la nature, plus précisément le pH, c'est-à-dire son acidité relative. Beaucoup de légumes et de fruitiers prospèrent dans tous les sols, qu'ils soient basiques (calcaires) ou acides. Certaines plantes ont des préférences marquées pour tel type de sol, sans pour autant dépérir ailleurs.

Peu importe en fait que le terrain du jardin soit plus ou moins acide ou calcaire, sauf cas extrêmes. Il faut cependant en connaître la nature, de façon à ne pas acidifier encore un sol déjà acide. L'apport de tourbe ou de terreaux à base de tourbe est néfaste à un sol acide, de même que des apports de soufre (contenus dans la poudre de corne et le patentkali). L'épandage de cendre de bois sur un terrain calcaire l'enrichit encore en calcium, de même que l'utilisation de poudre d'os, de lithothamne. En revanche, dans ces sols calcaires, du soufre en fleur, répandu à raison de 50 g pour 10 m², aide à rendre assimilables par les plantes les autres éléments dont elles ont besoin.

Le pH du sol

Le chiffre qui accompagne le pH indique la teneur en calcaire ou bien l'acidité du sol. Un pH de 7 révèle une terre neutre, apte à la culture de la plupart des légumes. Au-dessous, la terre est acide ; au-dessus, elle est calcaire. La connaissance du pH permet donc de conclure s'il faut corriger le sol en vue des cultures envisagées. Dans les jardineries, il existe des kits qui permettent de le déterminer facilement.

Installer un récupérateur d'eau de pluie dans le jardin est une bonne solution pour économiser l'eau.

Arroser moins et mieux

L'arrosage est une corvée. Le jardinage biologique bien conduit tend à en limiter la fréquence, en particulier grâce au paillage depuis la fin du printemps jusqu'au début de l'automne. L'enrichissement en humus du sol permet aussi de ne pas avoir à arroser souvent. L'arrosage est réservé en priorité aux semis et aux jeunes plants.

Il n'est pas indiqué d'arroser par des rampes l'ensemble du potager. Sinon, on favorise la germination des mauvaises herbes ; d'autre part, le sol croûte, ce qui rend nécessaire de biner plus souvent.

Un arrosage superficiel favorise aussi la dépendance des plantes, qui ne vont pas chercher la fraîcheur en profondeur.

• La récupération de l'eau de pluie

L'eau est un bien précieux qu'il ne faut pas dilapider. On peut récupérer l'eau de pluie des gouttières par des systèmes qui laissent la possibilité de laisser l'eau aller à l'égout pendant la mauvaise saison. Elle a l'avantage de ne pas être calcaire comme l'eau du robinet et de ne contenir ni chlore ni fluor.

Si on emploie l'eau du robinet, il est préférable de la laisser s'aérer et se réchauffer dans un bac. Une eau trop froide peut entraîner un choc thermique aux plantes, le chlore s'évapore à l'air.

• Le moment

Au printemps et en automne, les journées sont douces mais les nuits peuvent être froides : arrosez le matin pour que l'évapo-transpiration se fasse dans la journée (dans la nuit, cela risque d'entraîner une baisse de la température qui pourrait être néfaste pour les plantes).

En été, les journées sont très chaudes et les nuits douces. Arrosez le soir à la tombée de la nuit, pour

La température de l'eau

Idéalement, elle doit être proche de la température ambiante. N'utilisez pas d'eau dont la température est inférieure de 15 °C à la température ambiante. N'arrosez pas non plus avec une eau trop chaude (eau de cuve située en plein soleil et sans couvercle par exemple). D'une manière générale, les chocs thermiques sont mauvais pour les plantes.

éviter l'évaporation importante de la journée. De cette façon, la plante a toute la nuit pour puiser l'eau dont elle a besoin. Si vous ne pouvez pas faire autrement que d'arroser dans la journée en plein soleil, surtout n'arrosez jamais les feuilles, qui risqueraient de brûler.

- **La fréquence**

Une fois par semaine ou un peu tous les jours ? Si vous avez un sol lourd, il vaut mieux arroser une ou deux fois par semaine puisque votre sol retient l'eau.

Si vous avez un sol léger, voire très léger (très sablonneux), il est préférable d'arroser moins mais plus souvent, car l'eau en excès sera entraînée dans le sous-sol et, avec elle, les nutriments contenus dans la terre. De plus, un long arrosage hebdomadaire permet un bon enracinement de la plante en profondeur, alors que l'arrosage quotidien développe les racines superficielles et rend ainsi les plantes plus sensibles à la sécheresse (puisque sous l'effet du soleil, le sol se réchauffe en surface).

- **Le système d'arrosage**

Une installation d'arrosage intégré est utile en région méditerranéenne et dans une serre ou un tunnel. Mais, dans la plupart des jardins, cette installation peut se limiter à prévoir divers points d'eau bien répartis (robinets) sur tout le terrain pour éviter de grandes longueurs de tuyaux qui gênent l'entretien et les tontes et qui peuvent aussi coucher ou abîmer les plantes. La tuyauterie est enterrée de façon à être hors d'atteinte d'un travail à la bêche, en prévoyant que la structure du potager peut évoluer. L'enterrer à grande profondeur pour la protéger du gel n'est pas nécessaire si l'on prévoit une purge au point le plus bas pour vider les tuyaux pendant les mois rigoureux.

Calendrier lunaire 2023

Comprendre et utiliser les tableaux lunaires hebdomadaires

Nos tableaux sont fondés sur le cycle périodique lunaire (lune montante-descendante) difficile à observer de visu, ainsi que sur l'influence des constellations au moment où la lune passe devant elles. Notons qu'il s'agit des douze constellations « classiques ». Ce qui exclut les autres (Orion, Sextant...), cependant répertoriées par les astronomes.

Les quatre éléments en rapport avec les quatre parties des plantes

Ces constellations zodiacales ont une symbolique comparable à celles des signes du zodiaque astrologique. On distingue les signes de terre (Capricorne, Taureau, Vierge), les signes d'eau (Poissons, Cancer, Scorpion), les signes d'air (Gémeaux, Balance, Verseau) et les signes de feu (Sagittaire, Bélier, Lion). Ces quatre éléments sont mis en relation avec les quatre parties des plantes, racines, feuilles, fleurs et fruits. Lorsque la lune passe devant la constellation du Bélier, par exemple, signe de feu associé à la fructification, les légumes cultivés pour leurs fruits sont favorisés. Cela est signalé dans le tableau sous la dénomination de « jour fruit » à chaque fois que la lune passe devant cette constellation, c'est-à-dire plusieurs fois par mois.

Jour racine

Jour feuille

Jour fruit

Jour fleur

Par ailleurs, l'influence des constellations se combine avec le mouvement apparent de la lune dans le ciel, montant ou descendant. Le mouvement montant favorise les semis, le mouvement descendant est bénéfique aux plantations et aux repiquages. Ainsi, on sèmera les carottes (légume-racine) en lune montante et les jours racine, lorsque la lune passe devant la constellation du Capricorne, du Taureau ou de la Vierge.

Bien sûr, ces mouvements de la lune ne correspondent pas exactement avec notre calendrier en jours, semaines et mois. Il se peut, par exemple, qu'un dimanche commence en jour feuille et se poursuive en jour fruit.

Les horaires sont établis à la minute près. On doit tenir compte de l'éloignement du jardin par rapport au méridien de Greenwich, situé dans le tiers ouest de la France. Le jardinier brestois devrait retrancher 18 min aux mentions horaires des tableaux ci-après, alors que celui de Strasbourg devrait ajouter une demi-heure. Il faut donc relativiser les horaires des semis et des plantations. Bien entendu, nous avons tenu compte des passages à l'heure d'été et à l'heure d'hiver.

Les périodes lunaires néfastes

Il est tenu compte de certaines particularités du mouvement de la lune. À savoir l'apogée, où la lune se trouve la plus éloignée de la Terre, et le périgée, où au contraire elle est la plus proche. Mais aussi des nœuds lunaires, ascendant et descendant. L'existence de ces perturbations ou leur intensité étant assez discutées, nous avons adopté la période de 5 h avant et 5 h après ces épisodes, pendant lesquels il faut éviter le jardinage, délai qui est le plus généralement retenu. D'autres spécialistes peuvent conseiller de ne pas jardiner pendant 12 h, voire 24 h. Nombre de jardiniers qui suivent un calendrier lunaire ne tiennent pas compte de ces périodes néfastes : nous avons placé celles-ci à part dans les tableaux hebdomadaires, avec une indication de plus ou moins 5 h « environ ».

Le rythme croissant-décroissant

Nous avons mentionné le rythme le plus connu de la lune, croissant-décroissant. Toutefois, il faut savoir qu'il est difficile de tenir compte en même temps des deux cycles lunaires ainsi que des passages devant les constellations. Par exemple : il est parfois conseillé de planter les arbres fruitiers en lune à la fois descendante et croissante. Voyons ce qu'il en est en 2023 : en novembre, nous avons une période favorable les 6, 7 et 8 novembre puisque la Lune se trouve en période descendante et passe devant une constellation fruits (Lion). Mais la Lune est décroissante. Il faudrait donc attendre la prochaine période fruits en lune descendante du 3 au 5 décembre. Malheureusement la Lune est toujours décroissante à ce moment-là ! Le bon sens commande toutefois qu'en novembre et décembre, quand le temps n'est généralement pas encore très froid, on se trouve dans une période propice pour planter un arbre qui aura tout le temps de s'installer avant de démarrer au printemps.

Certains vont jusqu'à vouloir concilier les deux phases de la lune avec les marées. Pour continuer notre exemple, il faudrait alors planter un pommier en lune descendante et décroissante, en marée montante, ou alors en lune descendante et décroissante, en marée descendante. Un vrai casse-tête !

Périodes de semis et de plantations

Plusieurs périodes de semis et de plantations sont suggérées : au jardinier de choisir les plus adaptées à son climat, à l'avancement de la végétation, à la météo... Nous n'avons pas mentionné systématiquement les périodes de repiquages correspondant aux semis, ni les périodes de récoltes en fonction des plantations.

D'une manière générale, il faut savoir que l'on doit semer en lune montante, repiquer et planter en lune

descendante, si possible dans le jour (fruit, racine, feuille, fleur) correspondant au type de légume.

Pour les récoltes, on fait si possible celles des légumes-feuilles et des fruits (ainsi que les grains) en lune montante. Alors que les légumes-racines sont à récolter en lune descendante.

Le travail du sol se fait en lune descendante, en jours racine si possible.

Lune rousse, saints de glace

Beaucoup de jardiniers tiennent plus ou moins compte de ces périodes traditionnelles, les unes fixes (les fameux saints de glace), les autres mobiles (la période de lune dite « rousse », car elle pourrait roussir les plantules) sont fonction de la date de Pâques, variable d'une année sur l'autre. Nous les avons mentionnées.

De même, nous avons choisi pour chaque semaine un dicton souvent lié à la fête d'un saint : on sait que ces dictons avaient souvent une fonction mnémotechnique pour se rappeler certains travaux.

Enfin, une partie « Ne pas oublier » rappelle ou suggère certains travaux qui n'ont pas de lien avec les phases lunaires : par exemple, protéger le robinet d'eau du jardin avant que de grosses gelées ne l'endommagent !

1 Date

2 Cycles lunaires

- Lune décroissante
- Lune croissante
- Lune montante
- Lune descendante
- Pleine lune
- Dernier quartier (lune décroissante)
- Nouvelle lune
- Premier quartier (lune croissante)

Événements lunaires

ND	Nœud descendant
NA	Nœud ascendant
A	Apogée
P	Périgée

3 Horaires de lever et de coucher de la lune

4 Symboles végétaux

- Jour racine
- Jour feuille
- Jour fruit
- Jour fleur

5 Constellations du zodiaque dans lesquelles passe la lune

♈ Bélier ♉ Taureau ♊ Gémeaux ♋ Cancer ♌ Lion ♍ Vierge ♎ Balance ♏ Scorpion ♐ Sagittaire ♑ Capricorne ♒ Verseau ♓ Poissons

Travaux de jardinage à effectuer selon la position de la lune

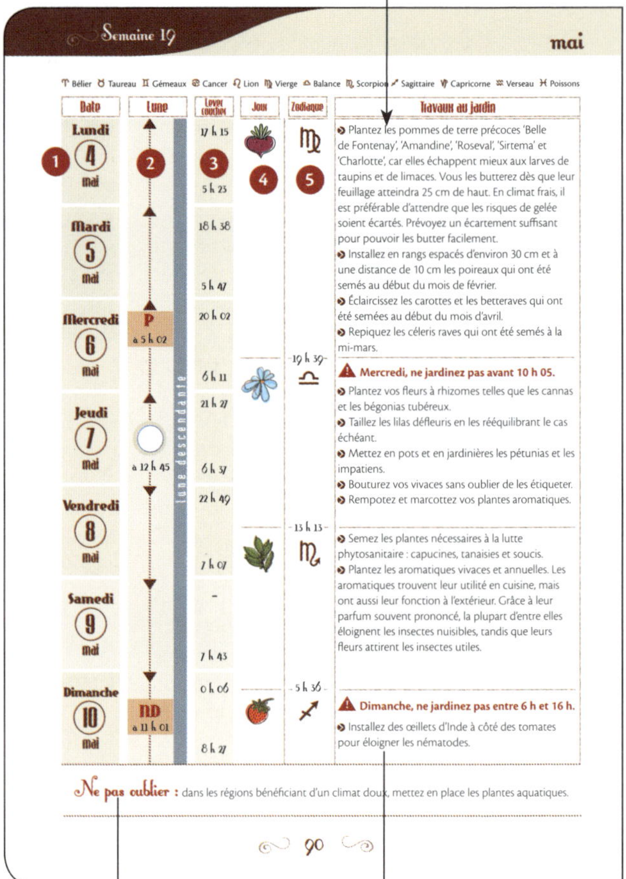

Semaine 19 — mai

♈ Bélier ♉ Taureau ♊ Gémeaux ♋ Cancer ♌ Lion ♍ Vierge ♎ Balance ♏ Scorpion ♐ Sagittaire ♑ Capricorne ♒ Verseau ♓ Poissons

Date	Lune	Lever coucher	Jour	Zodiaque	Travaux au jardin
Lundi 4 mai		17 h 15 / 5 h 23		♍	Plantez les pommes de terre précoces 'Belle de Fontenay', 'Amandine', 'Roseval', 'Sirtema' et 'Charlotte', car elles échappent mieux aux larves de taupins et de limaces. Vous les butterez dès que leur feuillage atteindra 25 cm de haut. En climat frais, il est préférable d'attendre que les risques de gelée soient écartés. Prévoyez un écartement suffisant pour pouvoir les butter facilement. Installez en rangs espacés d'environ 30 cm et à une distance de 10 cm les poireaux qui ont été semés au début du mois de février. Éclaircissez les carottes et les betteraves qui ont été semées au début du mois d'avril. Repiquez les céleris raves qui ont été semés à la mi-mars.
Mardi 5 mai		18 h 38 / 5 h 47			
Mercredi 6 mai	P à 5 h 02	20 h 02 / 6 h 11		-19 h 39- ♎	**Mercredi, ne jardinez pas avant 10 h 05.** Plantez vos fleurs à rhizomes telles que les cannas et les bégonias tubéreux. Taillez les lilas défleuris en les rééquilibrant le cas échéant. Mettez en pots et en jardinières les pétunias et les impatiens. Bouturez vos vivaces sans oublier de les étiqueter. Rempotez et marcottez vos plantes aromatiques.
Jeudi 7 mai	à 12 h 45	21 h 27 / 6 h 37			
Vendredi 8 mai		22 h 49 / 7 h 07		-13 h 13- ♏	Semez les plantes nécessaires à la lutte phytosanitaire : capucines, tanaisies et soucis. Plantez les aromatiques vivaces et annuelles. Les aromatiques trouvent leur utilité en cuisine, mais ont aussi leur fonction à l'extérieur. Grâce à leur parfum souvent prononcé, la plupart d'entre elles éloignent les insectes nuisibles, tandis que leurs fleurs attirent les insectes utiles.
Samedi 9 mai		- / 7 h 43			
Dimanche 10 mai	ND à 11 h 01	0 h 06 / 8 h 27		-5 h 36- ♐	**Dimanche, ne jardinez pas entre 6 h et 16 h.** Installez des œillets d'Inde à côté des tomates pour éloigner les nématodes.

lune descendante

Ne pas oublier : dans les régions bénéficiant d'un climat doux, mettez en place les plantes aquatiques.

90

Travaux du jardin à ne pas négliger

Période néfaste pour le jardinage

Rappel du mois

Rappel de la semaine

Notes personnelles

Carnet météo

- Niveau des précipitations
- Températures minimales et maximales
- Pression
- Temps général (brumeux, ensoleillé, pluvieux...)

Saint à fêter

Le dicton de la semaine

♈ Bélier ♉ Taureau ♊ Gémeaux ♋ Cancer ♌ Lion ♍ Vierge ♎ Balance ♏ Scorpion ♐ Sagittaire ♑ Capricorne ♒ Verseau ♓ Poissons

Date	Lune	Lever coucher	Jour	Zodiaque	Travaux au jardin
Lundi 26 décembre	lune montante	11 h 38 / 20 h 45		♑	Faites soigneusement le tri dans vos graines de légumes-racines (carottes, navets, radis). Jetez sans le moindre regret toutes celles qui ont dépassé la date limite.
Mardi 27 décembre	lune montante	12 h 03 / 22 h 11		2 h 02 ♒	Sauf s'il gèle, plantez maintenant des arbustes à fleurs ainsi que des rosiers à racines nues. Pralinez les racines pour assurer une meilleure reprise. À la maison, vous pouvez essayer des semis de bégonias et de pélargoniums. Ils présentent l'avantage d'être très faciles à cultiver, même s'ils redoutent le froid. Ils exigent un bon ensoleillement, un nettoyage régulier des feuilles et des fleurs fanées, un apport régulier d'engrais et un arrosage hebdomadaire.
Mercredi 28 décembre	lune montante	12 h 23 / 23 h 32			
Jeudi 29 décembre	lune montante	12 h 40 / -		7 h 44 ♓	Planifiez votre futur potager en tenant compte de la rotation des cultures. Semez du pourpier ou du cresson alénois à la maison ou dans la véranda, en terrines, en dispersant bien les graines. Couvrez-les légèrement et tassez à l'aide d'une petite planchette. Humidifiez et placez à la lumière, en veillant toutefois à éviter le soleil direct. Vous pouvez également tenter quelques petits semis de laitues rustiques dans la véranda, si la température y atteint 15 °C dans le courant de l'après-midi. Récoltez les choux de Bruxelles, les laitues, les épinards ainsi que la mâche. Au chaud, en terrine ou en pot, vous pouvez aussi semer des pépins d'agrumes : oranges, citrons, kumquats…
Vendredi 30 décembre	lune montante; ◐ à 2 h 20	12 h 56 / 0 h 49			
Samedi 31 décembre	lune montante	13 h 12 / 2 h 04			
Dimanche 1er janvier	lune montante; NA à 16 h 24	13 h 29 / 3 h 18		10 h 26 ♈	⚠ **Dimanche, ne jardinez pas entre 11 h 30 et 21 h 30.** Préparez les porte-greffes de vos fruitiers.

Ne pas oublier : il ne faut jamais enterrer la neige. Il ne faut donc jamais bêcher par temps de neige.

Date	Notes :	Météo :
Lundi 26 décembre St Étienne		Pluie : … mm Cumul : … mm °C mini : … °C maxi : … Pression : … hPa Temps : …
Mardi 27 décembre St Jean		Pluie : … mm Cumul : … mm °C mini : … °C maxi : … Pression : … hPa Temps : …
Mercredi 28 décembre Sts Innocents		Pluie : … mm Cumul : … mm °C mini : … °C maxi : … Pression : … hPa Temps : …
Jeudi 29 décembre St David		Pluie : … mm Cumul : … mm °C mini : … °C maxi : … Pression : … hPa Temps : …
Vendredi 30 décembre St Roger		Pluie : … mm Cumul : … mm °C mini : … °C maxi : … Pression : … hPa Temps : …
Samedi 31 décembre St Sylvestre		Pluie : … mm Cumul : … mm °C mini : … °C maxi : … Pression : … hPa Temps : …
Dimanche 1er janvier Jour de l'An		Pluie : … mm Cumul : … mm °C mini : … °C maxi : … Pression : … hPa Temps : …

« Jour de l'An beau, mois d'août très chaud. »

♈ Bélier ♉ Taureau ♊ Gémeaux ♋ Cancer ♌ Lion ♍ Vierge ♎ Balance ♏ Scorpion ♐ Sagittaire ♑ Capricorne ♒ Verseau ♓ Poissons

Date	Lune	Lever / coucher	Jour	Zodiaque	Travaux au jardin
Lundi 2 janvier	▲ lune montante	13 h 50 / 4 h 30		♈ (jusqu'à 18 h 30)	S'il ne gèle pas, semez, en rangs espacés de 30 cm, les fèves de Séville à 10 cm de distance et à 5 cm de profondeur.
Mardi 3 janvier	▲ lune montante	14 h 15 / 5 h 43		♉ (de 18 h 30 à 16 h 16)	Vérifiez la faculté germinative de vos graines de racines. Elle est en général de 4 à 5 ans mais de seulement 1 an pour le panais, de 1 à 2 ans pour le salsifis et la scorsonère. Semez dans une terrine de terreau humide en surface un échantillon d'une douzaine de graines, en prenant soin de mettre des étiquettes. Recouvrez la terrine d'une vitre. Si moins de la moitié germe, jetez vos graines. Dans les régions bénéficiant d'un climat doux, vous pouvez tenter un petit semis de carottes (races à forcer) mélangées à des radis, sous un châssis. N'oubliez surtout pas d'aérer aussi souvent que possible et de maintenir le sol frais. Au chaud, semez des navets en sillons distants de 20 cm. Maintenez le sol frais et binez régulièrement.
Mercredi 4 janvier	▲ lune montante	14 h 47 / 6 h 52			
Jeudi 5 janvier	▲ lune montante	15 h 29 / 7 h 56		♊ (de 16 h 16 à 22 h 21)	En lune descendante, plantez des rosiers à racines nues s'il ne risque pas de geler et butez le pied. Vous pouvez tailler vos rosiers buissons à environ 50 cm (taille dite « de Noël »), ainsi que d'autres arbustes à floraison estivale comme les clématites. Plantez les arbustes caducs à fleurs, à racines nues ou en conteneurs, sauf s'il y a risque de gelée. Binez et désherbez les bandes florales qui se trouvent en bordure du potager. Trois semaines après la levée des graines de pois et fèves, ramenez la terre des entre-rangs contre les plants. Montez un monticule de terre d'environ 10 cm de chaque côté des rangs.
Vendredi 6 janvier	▲ 4h10, puis lune descendante	16 h 20 / 8 h 51			
Samedi 7 janvier	○ à 0 h 07 — lune descendante	17 h 20 / 9 h 35			
Dimanche 8 janvier	▼ lune descendante — A à 10 h 19	18 h 26 / 10 h 09		♋ (à partir de 22 h 21 samedi)	**Dimanche, ne jardinez pas entre 5 h 20 et 15 h 20.** Si vous avez cultivé du pissenlit ou de la barbe de capucin, blanchissez un ou deux plants à la fois. Le pissenlit est non seulement très intéressant en cuisine, mais il s'agit aussi d'une excellente plante médicinale.

Ne pas oublier : préparez l'emplacement destiné à accueillir un carré d'herbes aromatiques.

Date	Notes :	Météo :
Lundi 2 janvier St Basile		Pluie : ... mm Cumul : ... mm °C mini : ... °C maxi : ... Pression : ... hPa Temps : ...
Mardi 3 janvier Ste Geneviève		Pluie : ... mm Cumul : ... mm °C mini : ... °C maxi : ... Pression : ... hPa Temps : ...
Mercredi 4 janvier St Odilon		Pluie : ... mm Cumul : ... mm °C mini : ... °C maxi : ... Pression : ... hPa Temps : ...
Jeudi 5 janvier St Edouard		Pluie : ... mm Cumul : ... mm °C mini : ... °C maxi : ... Pression : ... hPa Temps : ...
Vendredi 6 janvier Ste Mélaine		Pluie : ... mm Cumul : ... mm °C mini : ... °C maxi : ... Pression : ... hPa Temps : ...
Samedi 7 janvier St Raymond		Pluie : ... mm Cumul : ... mm °C mini : ... °C maxi : ... Pression : ... hPa Temps : ...
Dimanche 8 janvier Epiphanie		Pluie : ... mm Cumul : ... mm °C mini : ... °C maxi : ... Pression : ... hPa Temps : ...

« Gelées en janvier, blé au grenier. »

♈ Bélier ♉ Taureau ♊ Gémeaux ♋ Cancer ♌ Lion ♍ Vierge ♎ Balance ♏ Scorpion ♐ Sagittaire ♑ Capricorne ♒ Verseau ♓ Poissons

Date	Lune	Lever coucher	Jour	Zodiaque	Travaux au jardin
Lundi 9 janvier	Lune descendante	19 h 35 10 h 36	Feuille, puis Fruit	♋ 13 h 36 ♌	Replantez le sapin de Noël. Pour cela, privilégiez l'achat d'un sapin vendu en conteneur. Plantez vos arbres et vos arbustes fruitiers en veillant à ne pas enterrer le point de greffe en remettant la terre. N'oubliez pas de praliner les racines dans une bouillie de terre argileuse, en badigeonnant le surplus sur le tronc. Ajoutez du compost en rebouchant le trou, en utilisant de préférence de la corne broyée mais pas de sang séché car son action est éphémère. Arrosez copieusement pour bien tasser (c'est mieux que de tasser au pied) et évitez les poches d'air qui sont néfastes à la reprise des racines. Protégez une partie de vos fraisiers au moyen d'un tunnel : ceci hâtera la récolte. Si vos framboisiers n'ont donné qu'une maigre récolte, il faut replanter les plus beaux pieds ailleurs. Répandez autour un paillis d'écorces.
Mardi 10 janvier		20 h 43 10 h 57			
Mercredi 11 janvier		21 h 52 11 h 14			
Jeudi 12 janvier		23 h 00 11 h 30	Racine	13 h 19 ♍	Épandez sur le sol compost, fumier et amendements à la griffe, puis enfouissez-les par bêchage sans retourner la terre. Utilisez une bêche à dents par plusieurs passages rapides. Fauchez les engrais verts ou coupez-les à la cisaille pour les incorporer plus facilement au sol. Ajoutez du sable grossier ou de la tourbe aux sols très lourds. Travaillez le sol et enfouissez les engrais verts ainsi que la fumure de fond. Il n'est pas utile de procéder au retournement, sauf dans les sols nettement argileux où la bêche classique est bien adaptée. Dans les régions bénéficiant d'un climat doux, en sol léger et bien drainé, plantez l'ail blanc 'Messidrome' et 'Thermidrome', l'ail violet 'Germidour' ou l'ail rose 'Fructidor'. Séparez les caïeux et conservez les plus beaux du pourtour. Placez-les dans des sillons distants d'une vingtaine de centimètres, tous les 10 à 12 cm, pointe vers le dessus. Ne les enterrez pas profondément et n'arrosez pas. La récolte est prévue dans le courant du mois de juillet.
Vendredi 13 janvier		- 11 h 44			
Samedi 14 janvier		0 h 09 11 h 58			
Dimanche 15 janvier	◐ à 3 h 10	1 h 20 12 h 13			

Ne pas oublier : aérez toutes les cultures protégées par des tunnels, des châssis ou des voiles d'hivernage. Cela limitera la condensation propice au pourrissement.

Date	Notes :	Météo :
Lundi 9 janvier Ste Alix		Pluie : ...... mm Cumul : ...... mm °C mini : ...... °C maxi : ...... Pression : ...... hPa Temps : ......
Mardi 10 janvier St Guillaume		Pluie : ...... mm Cumul : ...... mm °C mini : ...... °C maxi : ...... Pression : ...... hPa Temps : ......
Mercredi 11 janvier Ste Pauline		Pluie : ...... mm Cumul : ...... mm °C mini : ...... °C maxi : ...... Pression : ...... hPa Temps : ......
Jeudi 12 janvier Ste Tatiana		Pluie : ...... mm Cumul : ...... mm °C mini : ...... °C maxi : ...... Pression : ...... hPa Temps : ......
Vendredi 13 janvier Ste Yvette		Pluie : ...... mm Cumul : ...... mm °C mini : ...... °C maxi : ...... Pression : ...... hPa Temps : ......
Samedi 14 janvier Ste Nina		Pluie : ...... mm Cumul : ...... mm °C mini : ...... °C maxi : ...... Pression : ...... hPa Temps : ......
Dimanche 15 janvier St Rémi		Pluie : ...... mm Cumul : ...... mm °C mini : ...... °C maxi : ...... Pression : ...... hPa Temps : ......

« Janvier d'eau chiche fait le paysan riche. »

♈ Bélier ♉ Taureau ♊ Gémeaux ♋ Cancer ♌ Lion ♍ Vierge ♎ Balance ♏ Scorpion ♐ Sagittaire ♑ Capricorne ♒ Verseau ♓ Poissons

Date	Lune	Lever coucher	Jour	Zodiaque	Travaux au jardin
Lundi 16 janvier	ND à 7 h 32 (lune descendante)	2 h 35 / 12 h 32		3 h 53 ♎	**Lundi, ne jardinez pas avant 12 h 35.** Plantez les rosiers à racines nues. Installez-les dans un trou assez large pour leurs racines sans les plier. Pralinez-les avant de procéder à la plantation. Ajustez la profondeur du trou de plantation de manière à ce que le point de greffe se situe tout juste au-dessus du sol. Comblez le trou en tassant la terre (enrichie de compost) à la main, arrosez généreusement, tassez une nouvelle fois.
Mardi 17 janvier	lune descendante	3 h 55 / 12 h 56		18 h 06 ♏	Élaguez les arbres à feuillage caduc. Pour éviter de blesser le tronc lors de la chute de la branche, donnez un bon trait de scie sous la branche à couper en amont de la coupe. Le moignon restant sera coupé au niveau du bourrelet, pas tout à fait au ras du tronc, pour permettre une bonne cicatrisation.
Mercredi 18 janvier	lune descendante	5 h 18 / 13 h 30			Taillez les haies et broyez les résidus sans tarder. Faites-vous une réserve de petits tuteurs en osier ou en saule.
Jeudi 19 janvier	lune descendante jusqu'à 6 h 04, puis lune montante	6 h 39 / 14 h 16		14 h 53 ♐	En lune montante et s'il ne gèle pas, prélevez sur vos arbres fruitiers des greffons sur les rameaux de l'année dernière. Il est impératif qu'ils soient sains et vigoureux, d'une longueur d'environ 30 cm, à lier en bottes. Enterrez-les au pied d'un mur orienté au nord, de préférence dans du sable, pour retarder le démarrage végétatif. N'oubliez pas d'identifier les différentes variétés fruitières sur des étiquettes. Le greffage aura lieu dans le courant des mois de mars et avril prochains.
Vendredi 20 janvier	lune montante	7 h 53 / 15 h 21			
Samedi 21 janvier	Pleine lune à 21 h 53 ; P à 21 h 57 (lune montante)	8 h 50 / 16 h 41		17 h 52 ♑	**Samedi, ne jardinez plus après 16 h 50.** Sous tunnel ou sous châssis, semez des oignons blancs en respectant un espacement de 20 cm. Ils feront des petits oignons à confire dans le courant du mois de mars prochain. Vous enlèverez la protection dans environ un mois.
Dimanche 22 janvier	lune montante	9 h 32 / 18 h 11			

Ne pas oublier : pour empêcher l'eau de votre bassin de geler, laissez-y flotter deux ballons.

Date	Notes :	Météo :
Lundi 16 janvier St Marcel		Pluie : ...... mm Cumul : ...... mm °C mini : ...... °C maxi : ...... Pression : ...... hPa Temps : ......
Mardi 17 janvier Ste Roseline		Pluie : ...... mm Cumul : ...... mm °C mini : ...... °C maxi : ...... Pression : ...... hPa Temps : ......
Mercredi 18 janvier Ste Prisca		Pluie : ...... mm Cumul : ...... mm °C mini : ...... °C maxi : ...... Pression : ...... hPa Temps : ......
Jeudi 19 janvier St Marius		Pluie : ...... mm Cumul : ...... mm °C mini : ...... °C maxi : ...... Pression : ...... hPa Temps : ......
Vendredi 20 janvier St Sébastien		Pluie : ...... mm Cumul : ...... mm °C mini : ...... °C maxi : ...... Pression : ...... hPa Temps : ......
Samedi 21 janvier Ste Agnès		Pluie : ...... mm Cumul : ...... mm °C mini : ...... °C maxi : ...... Pression : ...... hPa Temps : ......
Dimanche 22 janvier St Vincent		Pluie : ...... mm Cumul : ...... mm °C mini : ...... °C maxi : ...... Pression : ...... hPa Temps : ......

« Janvier de givre, année de fruits. »

♈ Bélier ♉ Taureau ♊ Gémeaux ♋ Cancer ♌ Lion ♍ Vierge ♎ Balance ♏ Scorpion ♐ Sagittaire ♑ Capricorne ♒ Verseau ♓ Poissons

Date	Lune	Lever / coucher	Zodiaque
Lundi 23 janvier	lune montante	10 h 02 / 19 h 42	♑ · 12 h 22 · ♒
Mardi 24 janvier	lune montante	10 h 25 / 21 h 08	♒
Mercredi 25 janvier	lune montante	10 h 44 / 22 h 30	· 16 h 15 · ♓
Jeudi 26 janvier	lune montante	11 h 00 / 23 h 49	♓
Vendredi 27 janvier	lune montante	11 h 17 / –	♓
Samedi 28 janvier	lune montante ; à 16 h 18 ; NA à 17 h 03	11 h 34 / 1 h 06	· 0 h 18 · ♈
Dimanche 29 janvier	lune montante	11 h 54 / 2 h 20	♈

Travaux au jardin

▸ En climat doux et sous châssis, effectuez un semis de carottes à forcer. Aérez et maintenez le sol frais.

▸ Semez des bégonias et des pélargoniums (« géraniums ») dans la véranda ou non loin d'une fenêtre dans la maison : ces semis réussissent souvent très bien.

▸ Au sud de la Loire, semez l'alkékenge, à repiquer au début du mois de mars. Cueillis mûrs, ses fruits sont comestibles et font de délicieuses compotes, confitures ou gelées. Cette belle plante ornementale est appréciée pour son calice en forme de lanterne chinoise et à l'aspect de papier.

▸ Dans les régions bénéficiant d'un climat doux, vous pouvez commencer la récolte des choux-fleurs.

▸ Taillez les haies de conifères. Cette taille se limite généralement à la suppression du bois mort, malade ou endommagé. Elle peut aussi être utilisée pour densifier le feuillage des végétaux tout en respectant leur port naturel. Les conifères ne produisant pas facilement des nouvelles pousses sur du vieux bois, évitez de tailler dans du bois de plus de deux ans.

▸ Pensez à l'enfouissement d'engrais vert. Le principe de l'engrais vert est d'enrichir et d'améliorer le sol en y apportant des plantes poussées sur place. Il puise dans le sol et l'atmosphère les éléments utiles aux cultures suivantes.

▸ Prélevez les boutures et laissez-les dans l'eau jusqu'à la prochaine lune descendante.

⚠ **Samedi, ne jardinez plus après 12 h 00.**

▸ Bouturez les petits fruits (les groseilles, le cassis...). Si le temps est clément, vous pouvez les traiter à la bouillie bordelaise.

▸ Brossez le tronc des arbres avec un gant pour éliminer mousses et lichens.

▸ En climat doux, commencez un semis de fèves. En climat plus rude, plantez-les sous tunnel. La récolte est prévue en juin.

Ne pas oublier : si vous nourrissez les oiseaux, faites-le régulièrement

Date	Notes :	Météo :
Lundi 23 janvier St Barnard		Pluie : ...... mm Cumul : ...... mm °C mini : .... °C maxi : .... Pression : .... hPa Temps : ....
Mardi 24 janvier S^t Fr. de Sales		Pluie : ...... mm Cumul : ...... mm °C mini : .... °C maxi : .... Pression : .... hPa Temps : ....
Mercredi 25 janvier Conv. St Paul		Pluie : ...... mm Cumul : ...... mm °C mini : .... °C maxi : .... Pression : .... hPa Temps : ....
Jeudi 26 janvier Ste Paule		Pluie : ...... mm Cumul : ...... mm °C mini : .... °C maxi : .... Pression : .... hPa Temps : ....
Vendredi 27 janvier Ste Angèle		Pluie : ...... mm Cumul : ...... mm °C mini : .... °C maxi : .... Pression : .... hPa Temps : ....
Samedi 28 janvier St Thomas d'Aquin		Pluie : ...... mm Cumul : ...... mm °C mini : .... °C maxi : .... Pression : .... hPa Temps : ....
Dimanche 29 janvier St Gildas		Pluie : ...... mm Cumul : ...... mm °C mini : .... °C maxi : .... Pression : .... hPa Temps : ....

« Janvier sec et sage est bon présage. »

♈ Bélier ♉ Taureau ♊ Gémeaux ♋ Cancer ♌ Lion ♍ Vierge ♎ Balance ♏ Scorpion ♐ Sagittaire ♑ Capricorne ♒ Verseau ♓ Poissons

Date	Lune	Lever coucher	Jour	Zodiaque
Lundi 30 janvier	lune montante	12 h 17 / 3 h 34		0 h 30 ♉
Mardi 31 janvier	lune montante	12 h 47 / 4 h 44		
Mercredi 1er février	lune montante	13 h 26 / 5 h 50		22 h 13 ♊
Jeudi 2 février	9h16 lune descendante	14 h 14 / 6 h 47		
Vendredi 3 février	lune descendante	15 h 12 / 7 h 35		
Samedi 4 février	A à 9 h 54 – lune descendante	16 h 16 / 8 h 12		4 h 29 ♋
Dimanche 5 février	○ à 19 h 28 – lune descendante	17 h 25 / 8 h 40		19 h 45 ♌

Travaux au jardin

- Laissez en jauge les arbres et les greffons devant être plantés. La jauge est constituée d'une fosse creusée près d'une haie ou d'un mur abritant les plantes des vents violents ou desséchants. Dans un emplacement ombragé, exposé au nord, creusez une tranchée d'une profondeur un peu supérieure à la longueur des racines. Retirez les protections des plantes et déliez les mottes pour pouvoir étaler le système racinaire dans la tranchée. Installez les plantes côte à côte, serrées et inclinées pour limiter la prise au vent. Remplissez la fosse d'un mélange léger de sable et de terre de jardin. Faites pénétrer ce substrat entre les racines, en évitant les poches d'air. Ce mélange devra monter jusqu'au collet des végétaux. Arrosez s'il ne pleut pas.

- Plantez les arbustes à fleurs vendus à racines nues : les lilas, les buddleias, les forsythias… Pralinez leurs racines afin de favoriser une bonne reprise et placez le collet au niveau du sol. Rebouchez le trou de plantation, tassez la terre à la main et arrosez surtout s'il ne pleut pas.
- Sous serre (à une température comprise entre 20 et 22 °C), semez en caissettes des pélargoniums, des œillets Chabaud et des bégonias Semperflorens. Ne couvrez pas les graines de bégonias. Pour éviter les maladies, aérez de temps en temps.
- Vous pouvez aussi accélérer la germination des bulbes de bégonias en les déposant dans une cagette avec de la tourbe humide, à l'abri du gel.

⚠ **Samedi, ne jardinez pas avant 15 h 00.**

- Transplantez ou plantez des arbustes feuillus, par exemple pour constituer une haie. Pralinez les racines, enrichissez la terre avec du compost, arrosez généreusement pour bien tasser la terre (différez cet arrosage s'il risque de geler).
- Taillez vos bordures de buis.
- Rempotez et marcottez vos plantes aromatiques.

- Installez les petits fruits (groseilles, framboises, cassis...).

Ne pas oublier : c'est le moment de porter votre tondeuse chez un spécialiste pour révision et entretien.

Date	Notes :	Météo :
Lundi 30 janvier Ste Martine		Pluie : ...... mm Cumul : ...... mm °C mini : .... °C maxi : .... Pression : .... hPa Temps : ....
Mardi 31 janvier Ste Marcelle		Pluie : ...... mm Cumul : ...... mm °C mini : .... °C maxi : .... Pression : .... hPa Temps : ....
Mercredi 1er février Ste Ella		Pluie : ...... mm Cumul : ...... mm °C mini : .... °C maxi : .... Pression : .... hPa Temps : ....
Jeudi 2 février Chandeleur		Pluie : ...... mm Cumul : ...... mm °C mini : .... °C maxi : .... Pression : .... hPa Temps : ....
Vendredi 3 février St Blaise		Pluie : ...... mm Cumul : ...... mm °C mini : .... °C maxi : .... Pression : .... hPa Temps : ....
Samedi 4 février Ste Véronique		Pluie : ...... mm Cumul : ...... mm °C mini : .... °C maxi : .... Pression : .... hPa Temps : ....
Dimanche 5 février Ste Agathe		Pluie : ...... mm Cumul : ...... mm °C mini : .... °C maxi : .... Pression : .... hPa Temps : ....

« Autant de bonnes journées en janvier, autant de mauvaises en mai. »

♈ Bélier ♉ Taureau ♊ Gémeaux ♋ Cancer ♌ Lion ♍ Vierge ♎ Balance ♏ Scorpion ♐ Sagittaire ♑ Capricorne ♒ Verseau ♓ Poissons

Date	Lune	Lever / coucher	Jour	Zodiaque
Lundi 6 février	Lune descendante	18 h 34 / 9 h 03		♌
Mardi 7 février	Lune descendante	19 h 43 / 9 h 21		
Mercredi 8 février	Lune descendante	20 h 51 / 9 h 36		19 h 20 ♍
Jeudi 9 février	Lune descendante	22 h 00 / 9 h 51		
Vendredi 10 février	Lune descendante	23 h 10 / 10 h 04		
Samedi 11 février	Lune descendante	- / 10 h 19		
Dimanche 12 février	Lune descendante; ND à 8 h 32	0 h 22 / 10 h 36		10 h 51 ♎

Travaux au jardin

- Taillez les rameaux de vos fruitiers à pépins (pommiers, poiriers) comme à noyaux (pruniers, pêchers).
- Installez les petits fruits (groseilles, framboises, cassis...) en enterrant les bases pour favoriser un bon enracinement. Rebouchez, tassez et arrosez.
- Par beau temps, taillez aussi les petits fruits en veillant à bien dégager le centre des touffes.
- Taillez les cassissiers et les framboisiers : supprimez toutes les tiges qui ont donné des fruits. Pour les framboisiers remontants, ne taillez que les parties des tiges ayant fructifié. Les framboisiers remontants donnent jusqu'à deux récoltes pendant la bonne saison.
- Apportez de l'engrais (purin d'ortie ou purin de consoude concentré) au pied des arbres fruitiers.

- Semez le gazon pour un solide enracinement : il sera ainsi plus dru et poussera moins vite. Choisissez votre gazon en fonction du résultat désiré : gazon de regarnissage, gazon d'ornement, gazon rustique, gazon pour terrain sec, gazon tolérant le piétinement, pelouse champêtre et fleurie…
- Épandez les engrais à base d'algues jusqu'à la fin du mois. Élaguez les arbres d'ornement.
- Si vous avez semé des engrais verts (épinard, moutarde, seigle, phacélie…), enfouissez-les. Le principe de l'engrais vert est d'enrichir et d'améliorer le sol en y apportant des plantes poussées sur place.
- Taillez vos fruitiers et petits fruits. Pulvérisez de la bouillie bordelaise si le temps est clément et sec.
- À l'abri, rangez les pommes de terre à planter, droites dans une cagette, les unes contre les autres, les yeux sur le dessus.
- Plantez l'ail rose 'Printandor', 'Cledor' ou 'Flavor' en conservant les gousses du tour des têtes. Rebouchez les sillons en couvrant peu les caïeux.

⚠ **Dimanche, ne jardinez pas avant 13 h 35.**

- Vérifiez le paillis installé au pied des artichauts pour les préserver de l'humidité stagnante.

Ne pas oublier : installez des nichoirs bien avant leur éventuelle occupation, avec le trou d'accès orienté à l'est.

Date	Notes :	Météo :
Lundi 6 février St Gaston		Pluie : ...... mm Cumul : ...... mm °C mini : .... °C maxi : .... Pression : .... hPa Temps : ....
Mardi 7 février Ste Eugénie		Pluie : ...... mm Cumul : ...... mm °C mini : .... °C maxi : .... Pression : .... hPa Temps : ....
Mercredi 8 février Ste Jacqueline		Pluie : ...... mm Cumul : ...... mm °C mini : .... °C maxi : .... Pression : .... hPa Temps : ....
Jeudi 9 février Ste Apolline		Pluie : ...... mm Cumul : ...... mm °C mini : .... °C maxi : .... Pression : .... hPa Temps : ....
Vendredi 10 février St Arnaud		Pluie : ...... mm Cumul : ...... mm °C mini : .... °C maxi : .... Pression : .... hPa Temps : ....
Samedi 11 février N.-D. de Lourdes		Pluie : ...... mm Cumul : ...... mm °C mini : .... °C maxi : .... Pression : .... hPa Temps : ....
Dimanche 12 février St Félix		Pluie : ...... mm Cumul : ...... mm °C mini : .... °C maxi : .... Pression : .... hPa Temps : ....

« Février, le plus court des mois, est de tous le pire à la fois. »

♈ Bélier ♉ Taureau ♊ Gémeaux ♋ Cancer ♌ Lion ♍ Vierge ♎ Balance ♏ Scorpion ♐ Sagittaire ♑ Capricorne ♒ Verseau ♓ Poissons

Date	Lune	Lever coucher	Jour	Zodiaque	Travaux au jardin
Lundi 13 février	 à 17 h 00 ; lune descendante	1 h 38 / 10 h 57		♎	Divisez les perce-neige en vert pour les faire fleurir davantage. Divisez à la fin de la floraison lorsque le feuillage vert permet de sortir facilement les bulbes de terre. Ne divisez pas les touffes chaque année, mais procédez plutôt tous les trois ou quatre ans.
Mardi 14 février	lune descendante	2 h 57 / 11 h 25		2 h 10 ♏	Taillez vos bordures de buis. Cette plante présente un feuillage persistant et robuste qui permet de créer de beaux décors naturels. Transplantez ou plantez des arbustes feuillus pour constituer une jolie haie, par exemple. Pralinez les racines et enrichissez la terre avec du compost. S'il n'y a pas de risque de gel, arrosez généreusement pour tasser la terre. Rempotez et marcottez vos plantes aromatiques. Repiquez vos boutures prélevées en lune montante.
Mercredi 15 février	lune descendante	4 h 17 / 12 h 03			
Jeudi 16 février	lune descendante jusqu'à 15 h 33, puis lune montante	5 h 32 / 12 h 57		0 h 31 ♐	En lune descendante, faites des boutures avec les coupes des cassissiers et des groseilliers. S'il ne gèle pas, taillez les fruitiers palissés à trois yeux afin de favoriser une bonne fructification. Intervenez sur les pommiers, les poiriers, les abricotiers et les pêchers. Préparez la terre de semis : un quart de tourbe ou de compost mûr, un quart de sable et une moitié de terreau. Affinez et homogénéisez le mélange. La tourbe utilisée pour la terre de semis est comparable à une mousse décomposée. Elle convient bien aux plantes délicates et se montre toujours efficace en sol sablonneux.
Vendredi 17 février	lune montante	6 h 35 / 14 h 08			
Samedi 18 février	lune montante	7 h 23 / 15 h 34		4 h 55 ♑	Élaguez les conifères. Cette taille se limite généralement à la suppression du bois mort, malade ou endommagé. Elle peut aussi être utilisée pour densifier le feuillage des végétaux. Les conifères ne produisant pas facilement des nouvelles pousses sur du vieux bois, évitez de tailler dans du bois de plus de deux ans. Seuls, l'if et la pruche tolèrent les tailles plus sévères. ⚠ **Dimanche, ne jardinez pas avant 15 h 10.**
Dimanche 19 février	P à 10 h 05 ; lune montante	7 h 58 / 17 h 04		23 h 46	

Ne pas oublier : commandez vos graines de fleurs et vos bulbes pour l'été.

Date	Notes :	Météo :
Lundi 13 février Ste Béatrice		Pluie : ...... mm Cumul : ...... mm °C mini : .... °C maxi : .... Pression : .... hPa Temps : ....
Mardi 14 février St Valentin		Pluie : ...... mm Cumul : ...... mm °C mini : .... °C maxi : .... Pression : .... hPa Temps : ....
Mercredi 15 février St Claude		Pluie : ...... mm Cumul : ...... mm °C mini : .... °C maxi : .... Pression : .... hPa Temps : ....
Jeudi 16 février Ste Julienne		Pluie : ...... mm Cumul : ...... mm °C mini : .... °C maxi : .... Pression : .... hPa Temps : ....
Vendredi 17 février St Alexis		Pluie : ...... mm Cumul : ...... mm °C mini : .... °C maxi : .... Pression : .... hPa Temps : ....
Samedi 18 février Ste Bernadette		Pluie : ...... mm Cumul : ...... mm °C mini : .... °C maxi : .... Pression : .... hPa Temps : ....
Dimanche 19 février St Gabin		Pluie : ...... mm Cumul : ...... mm °C mini : .... °C maxi : .... Pression : .... hPa Temps : ....

« Quand février commence en lion, il finit comme un mouton. »

♈ Bélier ♉ Taureau ♊ Gémeaux ♋ Cancer ♌ Lion ♍ Vierge ♎ Balance ♏ Scorpion ♐ Sagittaire ♑ Capricorne ♒ Verseau ♓ Poissons

Date	Lune	Lever coucher	Jour	Zodiaque	Travaux au jardin
Lundi 20 février	▼ à 8 h 05 — Lune montante	8 h 24 18 h 34		♒	• Plantez les anémones de Caen et les renoncules. • Divisez les perce-neige en vert. Cette petite plante bulbeuse forme des touffes qui restent en place pendant plusieurs années, mais doivent être divisées pour fleurir davantage. Divisez à la fin de la floraison, lorsque le feuillage vert permet de sortir facilement le bulbe de terre. Ne divisez pas les touffes chaque année, mais procédez tous les trois ou quatre ans. • Tentez un semis d'impatiens, en terrine et au chaud : attention, car les graines sont très fines. • Vous pouvez aussi tenter des boutures d'hibiscus dans de l'eau et à l'intérieur.
Mardi 21 février	▲	8 h 45 20 h 00			
Mercredi 22 février	▲	9 h 03 21 h 24		2 h 54 ♓	• Si ce n'est déjà fait, taillez les bordures de buis. Le buis est généralement assez onéreux à l'achat. Son prix peut d'ailleurs paraître dissuasif. Mais son achat s'apparente à un véritable investissement sur le long terme car cette plante s'installe et est faite pour durer. Il présente cependant un inconvénient pour les jardiniers impatients : la lenteur de sa croissance. Cela dit, c'est la plante parfaite pour structurer les petits espaces : les entrées, les patios, les terrasses… Il est modulable à l'envi, en fonction du goût et du talent de chaque jardinier.
Jeudi 23 février	▲	9 h 20 22 h 43			
Vendredi 24 février	▲ NA à 19 h 57	9 h 37 –		8 h 08 ♈	**⚠ Vendredi, ne jardinez plus après 14 h 50.** • Prélevez les greffons des fruitiers et mettez-les en jauge. Vous les grefferez en fente, en mars et avril, pendant une lune descendante. • Au chaud, dans des caissettes remplies d'un mélange léger, semez des aubergines, des piments et des poivrons. Couvrez légèrement les graines, tassez, arrosez et posez une vitre que vous retournerez chaque jour afin d'éviter toute condensation. • Semez les pois ronds ainsi que les mange-tout. Binez en surface quelques jours après la germination.
Samedi 25 février	▲	9 h 56 0 h 02			
Dimanche 26 février	▲	10 h 18 1 h 19		8 h 04 ♉	• Au chaud (20 à 25 °C), en caissette, dans un mélange léger, semez le céleri-rave. Couvrez légèrement les graines, tassez et maintenez humide.

Ne pas oublier : binez au pied de vos arbres fruitiers afin d'empêcher la levée rapide des mauvaises herbes.

Date	Notes :	Météo :
Lundi 20 février Ste Aimée		Pluie : ... mm Cumul : ... mm °C mini : ... °C maxi : ... Pression : ... hPa Temps : ...
Mardi 21 février Mardi gras		Pluie : ... mm Cumul : ... mm °C mini : ... °C maxi : ... Pression : ... hPa Temps : ...
Mercredi 22 février Cendres		Pluie : ... mm Cumul : ... mm °C mini : ... °C maxi : ... Pression : ... hPa Temps : ...
Jeudi 23 février St Lazare		Pluie : ... mm Cumul : ... mm °C mini : ... °C maxi : ... Pression : ... hPa Temps : ...
Vendredi 24 février St Modeste		Pluie : ... mm Cumul : ... mm °C mini : ... °C maxi : ... Pression : ... hPa Temps : ...
Samedi 25 février St Roméo		Pluie : ... mm Cumul : ... mm °C mini : ... °C maxi : ... Pression : ... hPa Temps : ...
Dimanche 26 février St Nestor		Pluie : ... mm Cumul : ... mm °C mini : ... °C maxi : ... Pression : ... hPa Temps : ...

« Quand février pleure, avril rit. »

♈ Bélier ♉ Taureau ♊ Gémeaux ♋ Cancer ♌ Lion ♍ Vierge ♎ Balance ♏ Scorpion ♐ Sagittaire ♑ Capricorne ♒ Verseau ♓ Poissons

Date	Lune	Lever coucher	Jour	Zodiaque	Travaux au jardin
Lundi 27 février	à 9 h 05 — lune montante	10 h 46 2 h 33		♉	Multipliez les souches de yuccas, de pieds d'alouette, de rudbeckias, de phlox, de cognassiers du Japon, d'asters… Semez des radis 'Flamboyant', 'National' ou 'Pernot' en pleine terre en les protégeant si cela s'avère nécessaire. N'installez jamais les radis à proximité des choux car ces deux légumes ont besoin des mêmes nutriments. Si votre potager est petit, plantez les radis dans les rangées de carottes ou de laitues. Les radis poussent plus vite que les carottes qui sont assez lentes à germer. Ils protègent aussi les laitues des insectes nuisibles.
Mardi 28 février	lune montante	11 h 22 3 h 42			
Mercredi 1er mars	lune montante jusqu'à 15 h 05, puis lune descendante	12 h 07 4 h 43		4 h 41 ♊	En lune montante, taillez les mimosas. Originaire d'Australie et classé comme arbuste décoratif méditerranéen, le mimosa présente notamment deux formidables atouts : la rapidité de sa croissance (de 30 à 60 cm par an) et sa longévité (jusqu'à 40 ou 50 ans). En terrines, au chaud et sans couvrir les graines, semez les impatiens. En lune descendante, taillez les arbustes qui fleurissent au cours de l'été et dont la végétation va démarrer.
Jeudi 2 mars	lune descendante	13 h 02 5 h 34			
Vendredi 3 mars	A à 19 h 00 — lune descendante	14 h 05 6 h 13		10 h 53 ♋	**Vendredi, ne jardinez plus après 14 h 00.** Plantez une haie d'arbustes feuillus. Creusez des trous tous les mètres, enrichissez la terre avec du compost, hydratez les mottes ou pralinez les racines. Mettez ensuite en place, rebouchez le trou de plantation et tassez. Arrosez généreusement s'il n'y a pas de risque de gelée.
Samedi 4 mars	lune descendante	15 h 13 6 h 44			
Dimanche 5 mars	lune descendante	16 h 23 7 h 08		2 h 11 ♌	S'il ne gèle pas, taillez les fruitiers palissés, les cordons et les petites formes libres à trois yeux pour favoriser la fructification. Vous pouvez intervenir sur les poiriers, les pommiers, les abricotiers et les pêchers.

Ne pas oublier : les plantes les mieux adaptées à votre jardin sont toujours les plantes indigènes poussant spontanément dans votre zone.

Date	Notes :	Météo :
Lundi 27 février Ste Honorine		Pluie : ...... mm Cumul : ...... mm °C mini : .... °C maxi : .... Pression : .... hPa Temps : ....
Mardi 28 février St Romain		Pluie : ...... mm Cumul : ...... mm °C mini : .... °C maxi : .... Pression : .... hPa Temps : ....
Mercredi 1er mars St Aubin		Pluie : ...... mm Cumul : ...... mm °C mini : .... °C maxi : .... Pression : .... hPa Temps : ....
Jeudi 2 mars St Charles le Bon		Pluie : ...... mm Cumul : ...... mm °C mini : .... °C maxi : .... Pression : .... hPa Temps : ....
Vendredi 3 mars St Guénolé		Pluie : ...... mm Cumul : ...... mm °C mini : .... °C maxi : .... Pression : .... hPa Temps : ....
Samedi 4 mars St Casimir		Pluie : ...... mm Cumul : ...... mm °C mini : .... °C maxi : .... Pression : .... hPa Temps : ....
Dimanche 5 mars Ste Olive		Pluie : ...... mm Cumul : ...... mm °C mini : .... °C maxi : .... Pression : .... hPa Temps : ....

« Pas de mois de février sans fleurs d'amandier. »

♈ Bélier ♉ Taureau ♊ Gémeaux ♋ Cancer ♌ Lion ♍ Vierge ♎ Balance ♏ Scorpion ♐ Sagittaire ♑ Capricorne ♒ Verseau ♓ Poissons

Date	Lune	Lever / coucher	Jour	Zodiaque
Lundi 6 mars	lune descendante	17 h 33 / 7 h 28		♌
Mardi 7 mars	lune descendante ; pleine lune à 13 h 40	18 h 41 / 7 h 44		♌
Mercredi 8 mars	lune descendante	19 h 51 / 7 h 58		1 h 29 ♍
Jeudi 9 mars	lune descendante	21 h 01 / 8 h 12		♍
Vendredi 10 mars	lune descendante	22 h 13 / 8 h 26		♍
Samedi 11 mars	lune descendante ; ND à 9 h 53	23 h 28 / 8 h 42		16 h 30 ♎
Dimanche 12 mars	lune descendante	– / 9 h 01		♎

Travaux au jardin

♌ (lundi 6 – mercredi 8 mars, 1 h 29)

- Pour éviter un débourrement trop rapide favorisant le gel des fleurs, enlevez le tapis d'herbe sous les fruitiers. Binez et bêchez en surface afin que le sol soit nu et installez un paillis.
- Arrachez les pousses des framboisiers qui sont en surnombre : laissez-en une douzaine par mètre pour favoriser l'aération et la santé des fruits.
- Pulvérisez de la bouillie bordelaise sur les arbres fruitiers si la température atteint au moins 9 °C en journée.

♍ (mercredi 8, 1 h 29 – samedi 11 mars, 16 h 30)

- Préparez les massifs à terre de bruyère. La terre de bruyère provient à l'origine de la décomposition des bruyères. Les plantes de bruyère apprécient les sols acides, frais et correctement drainés. Par contre, elles supportent fort mal la présence de calcaire. En règle générale, ces plantes n'aiment pas le soleil direct et, pour la plupart, se plaisent en mi-ombre. Le climat atlantique leur convient tout particulièrement. On retrouve dans cette catégorie le rhododendron, la gaulthérie, le camélia, le magnolia, les hortensias, l'andromède, l'azalée, l'érable du Japon, les bruyères d'été et d'hiver…
- Dans les régions à climat doux, taillez les pêchers en conservant les rameaux porteurs de bourgeons à fleurs et à fruits.
- C'est la dernière limite pour épandre en pleine terre les engrais concentrés à base d'algues.

⚠ **Samedi, ne jardinez pas avant 15 h 00.**

♎ (samedi 11, 16 h 30 – dimanche 12 mars)

- Taillez les hortensias et autres hydrangeas en supprimant les tiges qui ont fleuri l'année dernière, juste au-dessus d'un gros bourgeon vert (bourgeon qui produira un rameau à fleurs). Profitez-en pour éliminer le vieux bois ainsi que les rameaux secs (n'ayant pas produit de bourgeons), en particulier au centre des touffes.

Ne pas oublier : contrôlez l'état des tuteurs (le gel a tendance à les déchausser) et la solidité des liens les unissant aux plantes.

Date	Notes :	Météo :
Lundi 6 mars Ste Colette		Pluie : mm Cumul : mm °C mini : °C maxi : Pression : hPa Temps :
Mardi 7 mars Ste Félicité		Pluie : mm Cumul : mm °C mini : °C maxi : Pression : hPa Temps :
Mercredi 8 mars St Jean de Dieu		Pluie : mm Cumul : mm °C mini : °C maxi : Pression : hPa Temps :
Jeudi 9 mars Ste Françoise		Pluie : mm Cumul : mm °C mini : °C maxi : Pression : hPa Temps :
Vendredi 10 mars St Vivien		Pluie : mm Cumul : mm °C mini : °C maxi : Pression : hPa Temps :
Samedi 11 mars Ste Rosine		Pluie : mm Cumul : mm °C mini : °C maxi : Pression : hPa Temps :
Dimanche 12 mars Ste Justine		Pluie : mm Cumul : mm °C mini : °C maxi : Pression : hPa Temps :

« Si mars commence en courroux, il finira tout doux. »

♈ Bélier ♉ Taureau ♊ Gémeaux ♋ Cancer ♌ Lion ♍ Vierge ♎ Balance ♏ Scorpion ♐ Sagittaire ♑ Capricorne ♒ Verseau ♓ Poissons

Date	Lune	Lever / coucher	Zodiaque
Lundi 13 mars	lune descendante	0 h 46 / 9 h 26	8 h 06 ♏
Mardi 14 mars	lune descendante	2 h 04 / 9 h 59	
Mercredi 15 mars	Premier quartier à 3 h 08 ; lune descendante jusqu'à 22 h 39	3 h 20 / 10 h 46	7 h 28 ♐
Jeudi 16 mars	lune montante	4 h 26 / 11 h 49	
Vendredi 17 mars	lune montante	5 h 18 / 13 h 06	13 h 39 ♑
Samedi 18 mars	lune montante	5 h 56 / 14 h 32	
Dimanche 19 mars	lune montante ; P à 16 h 12	6 h 25 / 16 h 01	9 h 51 ♒

Travaux au jardin

♏ (à partir de 8 h 06, lundi)

- Plantez une haie d'arbustes feuillus. Creusez des trous tous les mètres, enrichissez la terre avec du compost, hydratez les mottes ou pralinez les racines. Mettez ensuite en place, rebouchez le trou de plantation et tassez. Arrosez généreusement s'il n'y a pas de risque de gelée.
- Taillez les bordures de buis. Pour une belle taille, utilisez un cordeau disposé à l'endroit de la taille et qui vous servira de guide. Pour que le buis reste vert, taillez à la cisaille la moitié des nouvelles pousses. La plante continuera à s'étoffer tout en restant verte.

♐ (à partir de 7 h 28, mercredi)

- S'il ne gèle pas, taillez les fruitiers palissés à trois yeux afin de favoriser une bonne fructification. Intervenez sur les pommiers, les poiriers, les pêchers et les abricotiers.
- En lune montante, greffez les arbres fruitiers en fente et en incrustation avec les greffons prélevés entre décembre et février. Veillez à bien positionner les greffons, ligaturez et mastiquez.
- Semez les concombres, les cornichons et les melons au chaud : il leur faut une bonne vingtaine de degrés pour lever régulièrement. Il faudra les repiquer une fois en godets avant de les installer au jardin.

♑ (à partir de 13 h 39, vendredi)

- Plantez les dahlias en ajoutant de la cendre de bois.
- Semez en pleine terre les premières betteraves, de préférence en poquets de trois graines. Il faudra les éclaircir.
- Semez des navets en pleine terre, dans une terre bien enrichie. Ils seront à éclaircir à 10 cm sur la ligne.
- Semez des radis sous châssis ou en tunnel. Pour qu'ils ne soient pas filiformes, semez des radis demi-longs à un centimètre de profondeur.

♒ (à partir de 9 h 51, dimanche)

- Plantez des glaïeuls tous les 20 cm, à 10 cm de profondeur. Recommencez tous les mois jusqu'en juillet.

⚠ **Dimanche, ne jardinez plus après 11 h 15.**

Ne pas oublier : si vous possédez une rocaille, c'est le moment de la désherber.

Date	Notes :	Météo :
Lundi 13 mars St Rodrigue		Pluie : ...... mm Cumul : ...... mm °C mini : .... °C maxi : .... Pression : .... hPa Temps : ....
Mardi 14 mars Ste Mathilde		Pluie : ...... mm Cumul : ...... mm °C mini : .... °C maxi : .... Pression : .... hPa Temps : ....
Mercredi 15 mars Ste Louise		Pluie : ...... mm Cumul : ...... mm °C mini : .... °C maxi : .... Pression : .... hPa Temps : ....
Jeudi 16 mars Ste Bénédicte		Pluie : ...... mm Cumul : ...... mm °C mini : .... °C maxi : .... Pression : .... hPa Temps : ....
Vendredi 17 mars St Patrice		Pluie : ...... mm Cumul : ...... mm °C mini : .... °C maxi : .... Pression : .... hPa Temps : ....
Samedi 18 mars St Cyrille		Pluie : ...... mm Cumul : ...... mm °C mini : .... °C maxi : .... Pression : .... hPa Temps : ....
Dimanche 19 mars St Joseph		Pluie : ...... mm Cumul : ...... mm °C mini : .... °C maxi : .... Pression : .... hPa Temps : ....

« En mars quand il fait beau, prends ton manteau. »

♈ Bélier ♉ Taureau ♊ Gémeaux ♋ Cancer ♌ Lion ♍ Vierge ♎ Balance ♏ Scorpion ♐ Sagittaire ♑ Capricorne ♒ Verseau ♓ Poissons

Date	Lune	Lever / coucher	Jour	Zodiaque	Travaux au jardin
Lundi 20 mars Équinoxe	▼	6 h 47 / 17 h 28		♒	➤ Semez des annuelles rustiques telles que les immortelles, les pieds d'alouette, les nigelles… pour garnir vos plates-bandes de fleurs à peu de frais. Vous pouvez aussi semer des mélanges du commerce. Ratissez en essayant de ne pas regrouper les graines.
Mardi 21 mars	● à 18 h 23	7 h 06 / 18 h 52		13 h 43 ♓	➤ Semez la pelouse en croisant vos passages dans une terre bien préparée et ratissée. Plombez le semis au rouleau. Arrosez jusqu'à la levée. Pour les pelouses dégradées, il existe des mélanges « spécial regarnissage » qui donnent de très bons résultats bien qu'étant un peu plus onéreux. ➤ Il est temps de passer aux traitements fongiques : le soir, pulvérisez du purin d'ortie sur les feuilles de vos légumes, de vos arbres et de vos fleurs. ➤ Attention aux gelées tardives : le soir protégez vos semis et vos fleurs les plus fragiles à l'aide de papier journal.
Mercredi 22 mars	▲	7 h 23 / 20 h 14			
Jeudi 23 mars	▲	7 h 39 / 21 h 36		17 h 53 ♈	⚠ **Vendredi, ne jardinez pas avant 8 h 15.** ➤ Greffez les arbres fruitiers en fente et en incrustation avec les greffons prélevés entre décembre et février. Veillez à bien positionner les greffons, ligaturez et mastiquez. ➤ Semez les melons, les cornichons et les concombres au chaud. Pour lever régulièrement, ils ont besoin d'une vingtaine de degrés. Il faudra les repiquer en godets avant de les installer au jardin.
Vendredi 24 mars	▲ NA à 3 h 07	7 h 57 / 22 h 55			
Samedi 25 mars	▲	8 h 18 / –		17 h 16 ♉	➤ Enfouissez les engrais verts et notamment le trèfle incarnat pour enrichir et améliorer le sol. ➤ C'est le moment de semer les panais. La levée est parfois un peu capricieuse, la faculté germinative n'est que d'un an. Il faudra éclaircir à 15 cm lorsque les plantules arboreront trois feuilles.
Dimanche 26 mars	▲	8 h 44 / 1 h 13			

lune montante

Ne pas oublier : préparez du compost avec les vieux paillis, les tas de feuilles mortes et les vieilles fanes de légumes.

Date	Notes :	Météo :
Lundi 20 mars Printemps		Pluie : ...... mm Cumul : ...... mm °C mini : .... °C maxi : .... Pression : .... hPa Temps : ....
Mardi 21 mars Ste Clémence		Pluie : ...... mm Cumul : ...... mm °C mini : .... °C maxi : .... Pression : .... hPa Temps : ....
Mercredi 22 mars Ste Léa		Pluie : ...... mm Cumul : ...... mm °C mini : .... °C maxi : .... Pression : .... hPa Temps : ....
Jeudi 23 mars St Victorien		Pluie : ...... mm Cumul : ...... mm °C mini : .... °C maxi : .... Pression : .... hPa Temps : ....
Vendredi 24 mars Ste Cath. de Suè.		Pluie : ...... mm Cumul : ...... mm °C mini : .... °C maxi : .... Pression : .... hPa Temps : ....
Samedi 25 mars Annonciation		Pluie : ...... mm Cumul : ...... mm °C mini : .... °C maxi : .... Pression : .... hPa Temps : ....
Dimanche 26 mars Ste Larissa		Pluie : ...... mm Cumul : ...... mm °C mini : .... °C maxi : .... Pression : .... hPa Temps : ....

« Brouillard en mars, gelée en mai. »

♈ Bélier ♉ Taureau ♊ Gémeaux ♋ Cancer ♌ Lion ♍ Vierge ♎ Balance ♏ Scorpion ♐ Sagittaire ♑ Capricorne ♒ Verseau ♓ Poissons

Date	Lune	Lever / coucher	Zodiaque
Lundi 27 mars	Lune montante	10 h 17 / 2 h 27	♉
Mardi 28 mars	Lune montante jusqu'à 23h26	10 h 59 / 3 h 33	13 h 22 ♊
Mercredi 29 mars	Premier quartier à 4 h 32 – Lune descendante	11 h 51 / 4 h 29	♊
Jeudi 30 mars	Lune descendante	12 h 52 / 5 h 13	19 h 05 ♋
Vendredi 31 mars	A à 13 h 17 – Lune descendante	13 h 59 / 5 h 47	♋
Samedi 1er avril	Lune descendante	15 h 08 / 6 h 13	10 h 23 ♌
Dimanche 2 avril	Lune descendante	16 h 18 / 6 h 33	♌

Travaux au jardin

♉ (Jour racines)

- Au chaud, en caissettes, semez le céleri-rave 'Névé' dans un mélange léger.
- En pépinière, semez des poireaux 'Malabare', 'Jaune Gros du Poitou', 'Gros Long d'Été'. Il faudra éclaircir les jeunes plants tous les 5 cm.
- En place, en rangs espacés d'environ 30 cm, semez des carottes 'de Colmar', 'de Meaux' ou 'Nantaise Améliorée'.

13 h 22 – ♊ (Jour fleurs)

- En lune descendante, plantez les anémones de Caen et les renoncules.
- Bouturez les jeunes pousses des fuchsias, pélargoniums et chrysanthèmes.
- Commencez les semis : la germination sera accélérée avec un excellent enracinement et sans excès de feuilles.
- Repiquez au chaud les bégonias.
- Éclaircissez les impatiens semées en février. C'est une excellente plante pour les jardins ombragés. L'impatiens arbore des fleurs multicolores (rouges, roses, saumon, orange, lavande ou blanches) qui s'ouvrent tout au long de l'été.

19 h 05 – ♋ (Jour feuilles)

⚠ **Vendredi, ne jardinez pas entre 8 h 15 et 18 h 20.**

- Plantez une haie d'arbustes feuillus. Creusez des trous tous les mètres, enrichissez la terre avec du compost, hydratez les mottes ou pralinez les racines. Mettez ensuite en place, rebouchez les trous de plantation et tassez. Arrosez généreusement, sauf s'il existe des risques de gelée.
- Taillez les éléagnus et les cotonéasters.
- Plantez les arbustes persistants en conteneurs.

10 h 23 – ♌ (Jour fruits)

- Prélevez les drageons des lilas et des rosiers. Le drageon est une pousse qui se développe au départ d'un bourgeon placé sur une racine, à une distance plus ou moins éloignée du pied mère, qui devient autonome et se comporte comme le végétal d'origine.

Ne pas oublier : tuteurez solidement vos nouveaux arbres fruitiers.

Date	Notes :	Météo :
Lundi 27 mars St Habib		Pluie : ...... mm Cumul : ...... mm °C mini : .... °C maxi : .... Pression : .... hPa Temps : ....
Mardi 28 mars St Gontran		Pluie : ...... mm Cumul : ...... mm °C mini : .... °C maxi : .... Pression : .... hPa Temps : ....
Mercredi 29 mars Ste Gwladys		Pluie : ...... mm Cumul : ...... mm °C mini : .... °C maxi : .... Pression : .... hPa Temps : ....
Jeudi 30 mars St Amédée		Pluie : ...... mm Cumul : ...... mm °C mini : .... °C maxi : .... Pression : .... hPa Temps : ....
Vendredi 31 mars St Benjamin		Pluie : ...... mm Cumul : ...... mm °C mini : .... °C maxi : .... Pression : .... hPa Temps : ....
Samedi 1er avril St Hugues		Pluie : ...... mm Cumul : ...... mm °C mini : .... °C maxi : .... Pression : .... hPa Temps : ....
Dimanche 2 avril Rameaux		Pluie : ...... mm Cumul : ...... mm °C mini : .... °C maxi : .... Pression : .... hPa Temps : ....

« En mars autant de gelée, en avril autant de poussée. »

♈ Bélier ♉ Taureau ♊ Gémeaux ♋ Cancer ♌ Lion ♍ Vierge ♎ Balance ♏ Scorpion ♐ Sagittaire ♑ Capricorne ♒ Verseau ♓ Poissons

Date	Lune	Lever coucher	Jour	Zodiaque	Travaux au jardin
Lundi 3 avril	▲ lune descendante	17 h 28 6 h 50		♌	Taillez les pêchers juste avant qu'ils ne fleurissent. Vous supprimerez les rameaux qui ont fructifié l'année précédente. Sans taille, le pêcher vieillit prématurément et cesse de donner des fruits. N'oubliez pas de pulvériser de la bouillie bordelaise.
Mardi 4 avril	▲ lune descendante	18 h 37 7 h 05		9 h 41 ♍	Coupez les arbres, à l'exception des résineux, destinés à la charpente et au bois d'extérieur. Le bois d'œuvre doit être coupé en lune descendante, en évitant le dernier jour de cette période. Le bois de charpente doit être coupé en Lion, Vierge, Balance, Scorpion ou Sagittaire. Pour éviter qu'il travaille ou qu'il éclate, coupez-le en Scorpion ou en Balance. Une exception, toutefois : les piquets de vos clôtures en bois auront une plus grande longévité s'ils sont coupés durant la nouvelle lune. Plantez-les lorsque la Lune est dans la constellation du Lion. Une mention particulière pour le bois de chauffage : il doit être coupé en lune descendante, en évitant les jours les plus proches de la nouvelle lune. Ce bois sèchera mieux s'il est empilé en lune descendante, entre le premier et le dernier quartier.
Mercredi 5 avril	▲ lune descendante	19 h 48 7 h 19			
Jeudi 6 avril	▲ ○ à 6 h 34 lune descendante	21 h 00 7 h 33			
Vendredi 7 avril	▼ ND à 15 h 52 lune descendante	22 h 15 7 h 48		23 h 42	⚠ **Vendredi, ne jardinez pas entre 10 h 50 et 20 h 55.**
Samedi 8 avril	▼ lune descendante	23 h 34 8 h 06		♎	Tuteurez les vivaces et divisez les plus grosses touffes. La plupart des vivaces ont une période de floraison variant entre une semaine et plusieurs mois, généralement au printemps et au cours de l'été. Avant qu'ils ne fassent leurs bourgeons à fleurs, il est temps de tailler vos arbustes à floraison estivale.
Dimanche 9 avril	▼ lune descendante	– 8 h 29		14 h 45 ♏	Taillez les arbustes à feuillage d'ornement. Pour les persistants, contentez-vous d'une taille légère.

Ne pas oublier : pour éviter qu'ils soient envahis de pucerons, installez des colliers anti-fourmis à vos arbres fruitiers.

Date	Notes :	Météo :
Lundi 3 avril St Richard		Pluie : ...... mm Cumul : ...... mm °C mini : .... °C maxi : .... Pression : .... hPa Temps : ....
Mardi 4 avril St Isidore		Pluie : ...... mm Cumul : ...... mm °C mini : .... °C maxi : .... Pression : .... hPa Temps : ....
Mercredi 5 avril Ste Irène		Pluie : ...... mm Cumul : ...... mm °C mini : .... °C maxi : .... Pression : .... hPa Temps : ....
Jeudi 6 avril St Marcellin		Pluie : ...... mm Cumul : ...... mm °C mini : .... °C maxi : .... Pression : .... hPa Temps : ....
Vendredi 7 avril Vendredi saint		Pluie : ...... mm Cumul : ...... mm °C mini : .... °C maxi : .... Pression : .... hPa Temps : ....
Samedi 8 avril Ste Julie		Pluie : ...... mm Cumul : ...... mm °C mini : .... °C maxi : .... Pression : .... hPa Temps : ....
Dimanche 9 avril Pâques		Pluie : ...... mm Cumul : ...... mm °C mini : .... °C maxi : .... Pression : .... hPa Temps : ....

« S'il pleut le trois, il pleuvra tout le mois. »

♈ Bélier ♉ Taureau ♊ Gémeaux ♋ Cancer ♌ Lion ♍ Vierge ♎ Balance ♏ Scorpion ♐ Sagittaire ♑ Capricorne ♒ Verseau ♓ Poissons

Date	Lune	Lever coucher	Zodiaque
Lundi 10 avril	lune descendante	0 h 54 / 9 h 00	♏
Mardi 11 avril	lune descendante	2 h 12 / 9 h 42	13 h 54 ♐
Mercredi 12 avril	5h10 lune montante	3 h 21 / 10 h 39	
Jeudi 13 avril	◐ à 11 h 11	4 h 16 / 11 h 51	20 h 51 ♑
Vendredi 14 avril	lune montante	4 h 57 / 13 h 13	
Samedi 15 avril	lune montante	5 h 28 / 14 h 38	18 h 21 ♒
Dimanche 16 avril	P à 4 h 23	5 h 51 / 16 h 04	

Travaux au jardin

➤ Première tonte de la pelouse ! Tondez lorsque l'herbe est sèche et 30 % plus haute que la taille conseillée : les graminées de climat froid doivent être maintenues à 6 ou 7 cm ; celles de climat chaud à 2 ou 3 cm. Tondez une fois dans la longueur de la pelouse, une fois dans sa largeur. Laissez les déchets de tonte en place s'ils sont très courts et bien disséminés.

➤ Limitez la cloque du pêcher avec du purin d'ortie dilué à 5 % et des algues calcaires à 2 %, tous les dix jours, ou encore une décoction de prêle tous les trois jours. La cloque est l'une des maladies les plus faciles à reconnaître. Elle se caractérise par des feuilles cloquées et enroulées sur elles-mêmes, avec changement de couleur : elles passent au jaune, puis au rouge vif ou au pourpre. L'arbre perd son feuillage prématurément. Les jeunes rameaux se déforment et vous constatez un écoulement de gomme. La cloque n'affecte en principe pas la vie de l'arbre qu'elle atteint, sauf si la maladie survient plusieurs années de suite.

➤ Pour éliminer les déchets toxiques issus de la décomposition des feuilles, videz les trois quarts de votre bassin d'eau. Faites attention de ne pas éliminer les bourgeons de vos nénuphars, ni les escargots d'eau. Faites aussi attention aux poissons qui vivent dans votre bassin.

➤ En règle générale, la matinée doit être réservée aux semis et la soirée doit plutôt être consacrée aux repiquages.

➤ Pour lutter contre la teigne et la mouche, semez en place des carottes à proximité des poireaux.

➤ Semez des fleurs annuelles directement en place en arrosant en pluie fine, jusqu'à la levée. Vous disposez d'un très vaste choix : capucines, bleuets, immortelles, lavatères, coquelicots, clarkias, cosmos, pavots de Californie…

⚠ **Dimanche, ne jardinez pas avant 9 h 25.**

Ne pas oublier : paillez tous les arbres et arbustes nouvellement plantés, en ménageant une large cuvette dans les régions à climat sec.

Date	Notes :	Météo :
Lundi 10 avril Lundi de Pâques		Pluie : mm Cumul : mm °C mini : °C maxi : Pression : hPa Temps :
Mardi 11 avril St Stanislas		Pluie : mm Cumul : mm °C mini : °C maxi : Pression : hPa Temps :
Mercredi 12 avril St Jules		Pluie : mm Cumul : mm °C mini : °C maxi : Pression : hPa Temps :
Jeudi 13 avril Ste Ida		Pluie : mm Cumul : mm °C mini : °C maxi : Pression : hPa Temps :
Vendredi 14 avril St Maxime		Pluie : mm Cumul : mm °C mini : °C maxi : Pression : hPa Temps :
Samedi 15 avril St Paterne		Pluie : mm Cumul : mm °C mini : °C maxi : Pression : hPa Temps :
Dimanche 16 avril St Benoît-Joseph		Pluie : mm Cumul : mm °C mini : °C maxi : Pression : hPa Temps :

« Avril fait la fleur, mai en a l'honneur. »

♈ Bélier ♉ Taureau ♊ Gémeaux ♋ Cancer ♌ Lion ♍ Vierge ♎ Balance ♏ Scorpion ♐ Sagittaire ♑ Capricorne ♒ Verseau ♓ Poissons

Date	Lune	Lever / coucher	Jour	Zodiaque	Travaux au jardin
Lundi 17 avril	▼	6 h 10 / 17 h 27		♒	Une astuce : suspendez des harengs séchés dans les branches des cerisiers. Ils éloigneront les insectes pondeurs et vous n'aurez pas de fruits véreux au cours de vos cueillettes.
Mardi 18 avril	▼	6 h 27 / 18 h 48		23 h 46 ♓	Semez la pelouse dans une terre bien préparée et ratissée, en croisant vos passages. Plombez le semis à l'aide d'un rouleau. Arrosez jusqu'à la levée. Comme une pelouse représente un investissement à long terme, privilégiez des semences de qualité. Sur l'emballage, vous devez trouver les informations suivantes : le nom complet de la variété, le taux de graines de mauvaises herbes (qui doit être inférieur à 0,5 %), le taux de germination (qui doit être supérieur à 85 % pour le pâturin et supérieur à 90 % pour toutes les autres variétés). La quantité de graines varie d'une variété à l'autre : de 0,75 à 4 kg pour 100 m².
Mercredi 19 avril	▼	6 h 43 / 20 h 09			
Jeudi 20 avril Lune rousse	▼ ● à 6 h 12; NA à 13 h 30	7 h 00 / 21 h 29		4 h 37 ♈	**Jeudi, ne jardinez pas entre 8 h 30 et 18 h 30.** Replantez les boutures des groseilliers. Taillez les pêchers juste avant leur floraison. Aérez la ramure et rapprochez la fructification vers le bas des arbres. Supprimez les rameaux ayant fructifié l'année précédente. N'oubliez pas de pulvériser de la bouillie bordelaise. En climat doux, semez le maïs doux par groupe pour favoriser la pollinisation qui ne se fait que grâce au vent. Plantez-les en lignes côte à côte, ou par groupes de 3 ou 4 plants.
Vendredi 21 avril	▲	7 h 19 / 22 h 48			
Samedi 22 avril	▲	7 h 43 / –		3 h 52 ♉	Dans une terre enrichie de compost, repiquez les poireaux d'été. Habillez-les en coupant la moitié du feuillage et en raccourcissant les racines à 2 cm. Ouvrez un sillon profond, arrosez jusqu'au refus, plantez les poireaux au plantoir, refermez le sillon et paillez. Commencez un premier semis de radis d'été 'Rosée de Pâques' et 'Glaçon'. Ils produiront dans cinq à six semaines. Ces gros radis résistent mieux à la sécheresse. Enterrez les graines à un bon centimètre de profondeur et arrosez régulièrement.
Dimanche 23 avril	▲	8 h 12 / 0 h 06			

lune montante

Ne pas oublier : en fonction de la température extérieure, aérez la serre.

Date	Notes :	Météo :
Lundi 17 avril St Anicet		Pluie : …… mm Cumul : …… mm °C mini : …… °C maxi : …… Pression : …… hPa Temps : ……
Mardi 18 avril St Parfait		Pluie : …… mm Cumul : …… mm °C mini : …… °C maxi : …… Pression : …… hPa Temps : ……
Mercredi 19 avril Ste Emma		Pluie : …… mm Cumul : …… mm °C mini : …… °C maxi : …… Pression : …… hPa Temps : ……
Jeudi 20 avril Ste Odette		Pluie : …… mm Cumul : …… mm °C mini : …… °C maxi : …… Pression : …… hPa Temps : ……
Vendredi 21 avril St Anselme		Pluie : …… mm Cumul : …… mm °C mini : …… °C maxi : …… Pression : …… hPa Temps : ……
Samedi 22 avril St Alexandre		Pluie : …… mm Cumul : …… mm °C mini : …… °C maxi : …… Pression : …… hPa Temps : ……
Dimanche 23 avril St Georges		Pluie : …… mm Cumul : …… mm °C mini : …… °C maxi : …… Pression : …… hPa Temps : ……

« Lune rousse sur la semence aura toujours mauvaise influence. »

♈ Bélier ♉ Taureau ♊ Gémeaux ♋ Cancer ♌ Lion ♍ Vierge ♎ Balance ♏ Scorpion ♐ Sagittaire ♑ Capricorne ♒ Verseau ♓ Poissons

Date	Lune	Lever / coucher	Jour	Zodiaque
Lundi 24 avril	lune mont.	8 h 51 / 1 h 17	Racine	♉ (jusqu'à 21 h 58)
Mardi 25 avril	lune mont. jusqu'à 7h52, puis lune descendante	9 h 40 / 2 h 19	Fleur	♊
Mercredi 26 avril	lune descendante	10 h 38 / 3 h 09	Fleur	♊
Jeudi 27 avril	lune descendante ; premier quartier à 23 h 19	11 h 44 / 3 h 47	Feuille (à partir de 3 h 04)	♋
Vendredi 28 avril	lune descendante ; A à 8 h 50	12 h 52 / 4 h 16	Feuille	♋ (jusqu'à 18 h 17)
Samedi 29 avril	lune descendante	14 h 02 / 4 h 38	Fruit	♌
Dimanche 30 avril	lune descendante	15 h 11 / 4 h 56	Fruit	♌

Travaux au jardin

- En pépinière, semez des choux raves. Il faudra ensuite les repiquer au potager, sur la ligne, à 20 cm, en veillant à bien enterrer le collet, puis à butter à la formation de la pomme.

- Taillez les arbustes défleuris en veillant à aérer le centre des touffes. Supprimez le vieux bois. Taillez au-dessus d'un œil tourné vers l'extérieur.
- Plantez les glaïeuls à 10 cm de profondeur et à 20 cm de distance les uns des autres. D'une manière globale, le glaïeul apprécie tous les types de sols mais marque une préférence pour une situation ensoleillée.
- Repiquez en godets les impatiens semées au mois de mars.
- Installez les vivaces en godets et les arbustes à fleurs en conteneurs.
- En région douce, installez les dahlias.

- C'est le moment de tondre et de scarifier votre pelouse afin d'obtenir une pelouse plus résistante et plus dense. La scarification permet également de limiter, voire même d'éviter, la propagation des maladies.
- Plantez les aromatiques vivaces et annuelles.

⚠ **Vendredi, ne jardinez pas avant 13 h 50.**

- C'est la dernière limite pour tailler vos rosiers en veillant à ne pas les tailler trop court car ils mettraient alors beaucoup plus de temps à fleurir.
- Plantez des groseilliers, des framboisiers, des cassissiers et des fraisiers remontants. En terre acide, vous pouvez aussi installer des myrtilliers. Enrichissez le sol en compost, mettez en place et arrosez.
- Prélevez les drageons (pousses qui se développent au départ d'un bourgeon placé sur une racine, qui devient autonome et se comporte comme le végétal, d'origine) des lilas et des rosiers.
- Ébourgeonnez la vigne à la base des pousses de l'année.

Ne pas oublier : ne mettez pas vos déchets dans votre compost mûr ou demi-mûr de l'an passé. Commencez plutôt un nouveau compost.

Date	Notes :	Météo :
Lundi 24 avril St Fidèle		Pluie : mm Cumul : mm °C mini : °C maxi : Pression : hPa Temps :
Mardi 25 avril St Marc		Pluie : mm Cumul : mm °C mini : °C maxi : Pression : hPa Temps :
Mercredi 26 avril Ste Alida		Pluie : mm Cumul : mm °C mini : °C maxi : Pression : hPa Temps :
Jeudi 27 avril Ste Zita		Pluie : mm Cumul : mm °C mini : °C maxi : Pression : hPa Temps :
Vendredi 28 avril Ste Valérie		Pluie : mm Cumul : mm °C mini : °C maxi : Pression : hPa Temps :
Samedi 29 avril Ste Cath. de Sienne		Pluie : mm Cumul : mm °C mini : °C maxi : Pression : hPa Temps :
Dimanche 30 avril St Robert		Pluie : mm Cumul : mm °C mini : °C maxi : Pression : hPa Temps :

« Caprices d'avril font tomber les fleurs et trembler les laboureurs. »

♈ Bélier ♉ Taureau ♊ Gémeaux ♋ Cancer ♌ Lion ♍ Vierge ♎ Balance ♏ Scorpion ♐ Sagittaire ♑ Capricorne ♒ Verseau ♓ Poissons

Date	Lune	Lever / coucher	Jour	Zodiaque
Lundi 1er mai	▲ Lune descendante	16 h 20 / 5 h 12		♌ – 17 h 55 – ♍
Mardi 2 mai	▲ Lune descendante	17 h 30 / 5 h 26		♍
Mercredi 3 mai	▲ Lune descendante	18 h 41 / 5 h 40		♍
Jeudi 4 mai	▲ ND à 23 h 56 – Lune descendante	19 h 56 / 5 h 54		♍
Vendredi 5 mai	▲ Pleine lune à 19 h 33 ▼ – Lune descendante	21 h 15 / 6 h 11		– 7 h 33 – ♎
Samedi 6 mai	▼ Lune descendante	22 h 36 / 6 h 32		♎ – 21 h 52 – ♏
Dimanche 7 mai	▼ Lune descendante	23 h 58 / 7 h 00		♏

Travaux au jardin

- C'est la dernière limite pour tailler vos rosiers en veillant à ne pas les tailler trop court car ils mettraient alors beaucoup plus de temps à fleurir.

(17 h 55)

- Plantez les pommes de terre précoces 'Belle de Fontenay', 'Amandine', 'Charlotte', 'Roseval' et 'Sirtema' car elles échappent mieux aux larves de limaces et de taupins. Vous les butterez dès que le feuillage atteint 25 cm de haut. En climat frais, il est préférable d'attendre que les risques de gelée soient écartés. Prévoyez un écartement suffisant pour pouvoir les butter facilement.
- En sol léger, plantez des crosnes par poquets de trois tubercules entiers, à 40 cm environ en tous sens et à une dizaine de centimètres de profondeur.
- Installez en rangs espacés d'environ 30 cm et à une distance de 10 cm les poireaux qui ont été semés au début du mois de février.
- Éclaircissez les carottes et les betteraves qui ont été semées au début du mois d'avril.
- Repiquez les céleris-raves qui ont été semés à la mi-mars.

⚠ **Jeudi, ne jardinez plus après 18 h 55.**

(7 h 33)

- Dans les régions bénéficiant d'un climat doux, plantez les annuelles (œillets, bégonias, pélargoniums) semées à la fin du mois de janvier.
- Taillez les lilas défleuris en les rééquilibrant le cas échéant.
- Bouturez vos vivaces sans oublier de les étiqueter.
- Mettez en pots et en jardinières les pétunias et les impatiens.

(21 h 52)

- Plantez les aromatiques vivaces et annuelles. Les aromatiques trouvent leur utilité en cuisine, mais ont aussi leur fonction à l'extérieur. Grâce à leur parfum souvent prononcé, la plupart d'entre elles éloignent les insectes nuisibles, tandis que leurs fleurs attirent les insectes utiles.

Ne pas oublier : pour éloigner les moustiques, garnissez les rebords de vos fenêtres de potées de géraniums et de touffes de lavande.

Date	Notes :	Météo :
Lundi 1er mai Fête du Travail		Pluie : ... mm Cumul : ... mm °C mini : ... °C maxi : ... Pression : ... hPa Temps : ...
Mardi 2 mai St Boris		Pluie : ... mm Cumul : ... mm °C mini : ... °C maxi : ... Pression : ... hPa Temps : ...
Mercredi 3 mai Sts Phil., Jacq.		Pluie : ... mm Cumul : ... mm °C mini : ... °C maxi : ... Pression : ... hPa Temps : ...
Jeudi 4 mai St Sylvain		Pluie : ... mm Cumul : ... mm °C mini : ... °C maxi : ... Pression : ... hPa Temps : ...
Vendredi 5 mai Ste Judith		Pluie : ... mm Cumul : ... mm °C mini : ... °C maxi : ... Pression : ... hPa Temps : ...
Samedi 6 mai Ste Prudence		Pluie : ... mm Cumul : ... mm °C mini : ... °C maxi : ... Pression : ... hPa Temps : ...
Dimanche 7 mai Ste Gisèle		Pluie : ... mm Cumul : ... mm °C mini : ... °C maxi : ... Pression : ... hPa Temps : ...

« Plus mai est chaud, plus l'an vaut. »

♈ Bélier ♉ Taureau ♊ Gémeaux ♋ Cancer ♌ Lion ♍ Vierge ♎ Balance ♏ Scorpion ♐ Sagittaire ♑ Capricorne ♒ Verseau ♓ Poissons

Date	Lune	Lever coucher	Zodiaque
Lundi 8 mai	à 2 h 21 ; lune desc.	– / 7 h 39	♏ (jusqu'à 20 h 01)
Mardi 9 mai	10 h 57 ; lune montante	1 h 12 / 8 h 32	♐ (à partir de 20 h 01)
Mercredi 10 mai	lune montante	2 h 13 / 9 h 41	♐
Jeudi 11 mai, Saint de glace	P à 7 h 05 ; lune montante	2 h 59 / 11 h 01	♑ (à partir de 2 h 16)
Vendredi 12 mai, Saint de glace	◐ à 16 h 28 ; lune montante	3 h 33 / 12 h 25	♑
Samedi 13 mai, Saint de glace	lune montante	3 h 57 / 13 h 50	♒ (à partir de 23 h 58)
Dimanche 14 mai	lune montante	4 h 16 / 15 h 11	♒

Travaux au jardin

♏ (jusqu'au 8 mai à 20 h 01)

- Semez les plantes nécessaires à la lutte phytosanitaire : capucines, tanaisies et soucis.

♐ (du 8 mai à 20 h 01 au 11 mai à 2 h 16)

- Prélevez des greffons pleins de vigueur, mettez-les en jauge et procédez à la greffe dans deux mois, en lune descendante et en jour fruits.
- Semez les haricots nains, à rames, mange-tout, filet, beurre… sauf si une période froide et pluvieuse s'annonce. N'enterrez pas trop les graines. Les semis en poquets de cinq à sept graines réussissent mieux que le semis en ligne. Il est préférable de placer les rames (au milieu des poquets) au moment du semis pour les variétés grimpantes.
- En climat doux, installez les piments, les poivrons et les aubergines semés au début du mois de février.

♑ (du 11 mai à 2 h 16 au 13 mai à 23 h 58)

⚠ **Jeudi, ne jardinez pas avant 12 h 10.**

- Récoltez la prêle pour vos tisanes et aussi pour votre purin.
- Semez en ligne en pépinière de pleine terre des poireaux pour l'hiver, comme le 'Bleu de Solaize'. Ils seront à repiquer en place, profondément, lorsqu'ils auront atteint la taille d'un crayon.
- Renouvelez les semis des carottes de conservation comme la 'Nantaise améliorée'.
- Semez des betteraves pour la conservation hivernale ainsi que du rutabaga.

♒ (à partir du 13 mai à 23 h 58)

- Semez en place les fleurs annuelles en recouvrant légèrement les graines. Arrosez en pluie fine. Parmi les annuelles les plus connues et les plus appréciées, on retrouve pêle-mêle : delphiniums, soucis, pavots de Californie, pois de senteur, pensées, primevères, giroflées, géraniums, violettes, capucines, chrysanthèmes, bégonias, cosmos, soleils, lobélias, zinnias…
- En région océanique, semez des choux-fleurs de variétés tardives 'Géant d'automne', 'Kangaroo' et 'White Excel'. Vous les repiquerez dans un mois pour une production automnale.

Ne pas oublier : garnissez vos jardinières, bacs et pots en terrasse et sur les balcons.

Date	Notes :	Météo :
Lundi 8 mai Victoire 1945		Pluie : ...... mm Cumul : ...... mm °C mini : .... °C maxi : .... Pression : .... hPa Temps : ....
Mardi 9 mai St Pacôme		Pluie : ...... mm Cumul : ...... mm °C mini : .... °C maxi : .... Pression : .... hPa Temps : ....
Mercredi 10 mai Ste Solange		Pluie : ...... mm Cumul : ...... mm °C mini : .... °C maxi : .... Pression : .... hPa Temps : ....
Jeudi 11 mai Ste Estelle		Pluie : ...... mm Cumul : ...... mm °C mini : .... °C maxi : .... Pression : .... hPa Temps : ....
Vendredi 12 mai St Achille		Pluie : ...... mm Cumul : ...... mm °C mini : .... °C maxi : .... Pression : .... hPa Temps : ....
Samedi 13 mai Ste Rolande		Pluie : ...... mm Cumul : ...... mm °C mini : .... °C maxi : .... Pression : .... hPa Temps : ....
Dimanche 14 mai St Matthias		Pluie : ...... mm Cumul : ...... mm °C mini : .... °C maxi : .... Pression : .... hPa Temps : ....

« Les saints de glace de leur passage laissent souvent trace. »

♈ Bélier ♉ Taureau ♊ Gémeaux ♋ Cancer ♌ Lion ♍ Vierge ♎ Balance ♏ Scorpion ♐ Sagittaire ♑ Capricorne ♒ Verseau ♓ Poissons

Date	Lune	Lever coucher	Jour	Zodiaque
Lundi 15 mai	▼	4 h 33 / 16 h 31		6 h 28 ♓
Mardi 16 mai	▼	4 h 49 / 17 h 50		
Mercredi 17 mai	▼ NA à 21 h 35	5 h 05 / 19 h 08		12 h 32 ♈
Jeudi 18 mai	▼	5 h 23 / 20 h 27		
Vendredi 19 mai Fin lune rousse	▼ ● à 17 h 53	5 h 44 / 21 h 45		12 h 26 ♉
Samedi 20 mai	▲	6 h 11 / 22 h 59		
Dimanche 21 mai	▲	6 h 45 / –		

lune montante

Travaux au jardin

- Dans le carré des aromatiques, semez de la coriandre. En mi-ombre, semez du persil et du cerfeuil. Maintenez le sol frais. Installez les aromatiques en les associant aux légumes : elles repousseront certains parasites.
- Renouvelez les semis de salades : laitue pommée, batavia, laitue à couper, roquette et pourpier. Faites attention au choix des variétés et semez des laitues pommées qui résistent à la montée en graine : 'Kinemontepas', 'Merveille des Saisons', 'Reine des glaces' et 'Sucrine'. Vous pouvez aussi semer du mesclun : préférez les mélanges sans roquette car celle-ci a tendance à dominer les autres plantes.

⚠ Mercredi, ne jardinez plus après 16 h 30.

- Semez des coloquintes. Ces cucurbitacées peuvent couvrir le sol ou grimper sur de solides tuteurs. Vous pourrez ensuite les utiliser également pour vos décors à la maison.
- Semez la courge 'Butternut' qui réussit bien dans le Midi ainsi que dans les régions à l'arrière-saison douce.
- À l'extrémité des rangs de haricots, semez des capucines qui attireront les pucerons.
- En climat doux, installez les piments, les poivrons et les aubergines semés au début du mois de février.

- Semez des radis 'Noir gros long d'hiver', 'Violet de Gournay', 'Rose de Chine'. Alternez les rangs tous les 25 à 30 cm avec des carottes. Vos radis seront plus doux. Vous éclaircirez les jeunes plants tous les 10 à 15 cm. Ne plantez jamais les radis à proximité des choux car ces deux légumes ont besoin des mêmes nutriments pour se développer. Ils se livreraient une concurrence néfaste. Si votre potager est petit, vous pouvez (pour gagner de la place) planter les radis dans des rangées de laitues ou de carottes. Enfin, pour que vos radis ne piquent pas, ramassez-les assez jeunes et arrosez-les généreusement.

Ne pas oublier : dans les régions bénéficiant d'un climat doux, mettez en place les plantes aquatiques.

Date	Notes :	Météo :
Lundi 15 mai Ste Denise		Pluie : ...... mm Cumul : ...... mm °C mini : .... °C maxi : .... Pression : .... hPa Temps : ....
Mardi 16 mai St Honoré		Pluie : ...... mm Cumul : ...... mm °C mini : .... °C maxi : .... Pression : .... hPa Temps : ....
Mercredi 17 mai St Pascal		Pluie : ...... mm Cumul : ...... mm °C mini : .... °C maxi : .... Pression : .... hPa Temps : ....
Jeudi 18 mai Ascension		Pluie : ...... mm Cumul : ...... mm °C mini : .... °C maxi : .... Pression : .... hPa Temps : ....
Vendredi 19 mai St Yves		Pluie : ...... mm Cumul : ...... mm °C mini : .... °C maxi : .... Pression : .... hPa Temps : ....
Samedi 20 mai St Bernardin		Pluie : ...... mm Cumul : ...... mm °C mini : .... °C maxi : .... Pression : .... hPa Temps : ....
Dimanche 21 mai St Constantin		Pluie : ...... mm Cumul : ...... mm °C mini : .... °C maxi : .... Pression : .... hPa Temps : ....

« À la Sainte-Denise, le froid n'en fait plus à sa guise. »

♈ Bélier ♉ Taureau ♊ Gémeaux ♋ Cancer ♌ Lion ♍ Vierge ♎ Balance ♏ Scorpion ♐ Sagittaire ♑ Capricorne ♒ Verseau ♓ Poissons

Date	Lune	Lever / coucher	Jour	Zodiaque	Travaux au jardin
Lundi 22 mai	l. mont. – 16 h 06	7 h 30 / 0 h 06		6 h 27 ♊	Arrachez les tulipes en laissant le feuillage jaunir. Vous pourrez ensuite les stocker ou les replanter ailleurs. Installez les bégonias, les impatiens, les pélargoniums, les œillets et toutes les annuelles dans des pots ou dans les massifs. Bouturez les potentilles, les deutzias et les seringas. Piquez les boutures dans des pots remplis d'un mélange léger et conservez-les sous châssis. Essayez de faire des boutures d'arbustes à fleurs, en particulier les seringas et les deutzias qui ont de grandes chances de réussir.
Mardi 23 mai	lune descendante	8 h 25 / 1 h 01			
Mercredi 24 mai		9 h 29 / 1 h 44		11 h 12 ♋	Plantez les aromatiques (ciboulette, menthe, basilic, sarriette, sauge, thym…) en pots, en jardinières ou au potager. Vous les associerez aux tomates, aux carottes, aux navets, aux choux et aux radis pour profiter de leur action répulsive sur les parasites.
Jeudi 25 mai		10 h 36 / 2 h 17			
Vendredi 26 mai	A à 3 h 38	11 h 46 / 2 h 41		2 h 20 ♌	**Vendredi, ne jardinez pas avant 8 h 40.** Après la chute naturelle des fruits, éclaircissez les pommes et les poires en conservant le fruit du centre pour les pommiers et un fruit périphérique pour les poiriers. Cette opération permet d'éliminer les fruits en surnombre, de faire grossir les fruits maintenus en place, de les rendre naturellement plus sucrés et plus goûteux, de soulager les branches qui risqueraient autrement de se briser sous le poids excessif des fruits et de diminuer les risques de maladies. Pour éclaircir, il faut légèrement secouer l'arbre pour faire tomber les fruits mal accrochés et/ou malades.
Samedi 27 mai	◐ à 17 h 22	12 h 55 / 3 h 01			
Dimanche 28 mai		14 h 03 / 3 h 17			

Ne pas oublier : installez des pièges à phéromones dans les cerisiers qui risquent d'être attaqués par la mouche.

Date	Notes :	Météo :
Lundi 22 mai St Emile		Pluie : ...... mm Cumul : ...... mm °C mini : ...... °C maxi : ...... Pression : ...... hPa Temps : ......
Mardi 23 mai St Didier		Pluie : ...... mm Cumul : ...... mm °C mini : ...... °C maxi : ...... Pression : ...... hPa Temps : ......
Mercredi 24 mai St Donatien		Pluie : ...... mm Cumul : ...... mm °C mini : ...... °C maxi : ...... Pression : ...... hPa Temps : ......
Jeudi 25 mai Ste Sophie		Pluie : ...... mm Cumul : ...... mm °C mini : ...... °C maxi : ...... Pression : ...... hPa Temps : ......
Vendredi 26 mai St Bérenger		Pluie : ...... mm Cumul : ...... mm °C mini : ...... °C maxi : ...... Pression : ...... hPa Temps : ......
Samedi 27 mai St Augustin		Pluie : ...... mm Cumul : ...... mm °C mini : ...... °C maxi : ...... Pression : ...... hPa Temps : ......
Dimanche 28 mai Pentecôte		Pluie : ...... mm Cumul : ...... mm °C mini : ...... °C maxi : ...... Pression : ...... hPa Temps : ......

« À la Saint-Didier, soleil orgueilleux nous annonce un été joyeux. »

♈ Bélier ♉ Taureau ♊ Gémeaux ♋ Cancer ♌ Lion ♍ Vierge ♎ Balance ♏ Scorpion ♐ Sagittaire ♑ Capricorne ♒ Verseau ♓ Poissons

Date	Lune	Lever coucher	Jour	Zodiaque
Lundi 29 mai	Lune descendante	15 h 12 3 h 32		2 h 31 ♍
Mardi 30 mai		16 h 21 3 h 45		
Mercredi 31 mai		17 h 34 3 h 59		
Jeudi 1er juin	ND à 8 h 22	18 h 50 4 h 14		16 h 49 ♎
Vendredi 2 juin		20 h 11 4 h 33		
Samedi 3 juin		21 h 35 4 h 58		6 h 52 ♏
Dimanche 4 juin	à 5 h 41	22 h 54 5 h 33		

Travaux au jardin

- Éclaircissez les carottes jusqu'à 10 cm. Ne laissez pas les plants arrachés sur place car ils risquent d'attirer la mouche. Pour la même raison, il est recommandé de boucher les trous après arrachage, en binant. Vous pouvez saupoudrer les rangs de carottes avec des algues brunes en poudre, de la suie ou de la tanaisie séchée et émiettée (si vous avez pris la précaution de la récolter en automne).
- Plantez les poireaux semés à la mi-mars. Coupez les racines à 2 cm et les feuilles à 10 cm. Laissez sécher pendant un ou deux jours à même le sol. Mettez en place tous les 10 cm en enterrant la base.
- Dans les régions douces, récoltez les premières pommes de terre hâtives. Cette première récolte se conserve mal : il vaut mieux arracher au fur et à mesure des besoins.
- Dans le Midi, plantez les patates douces précédemment mises à germer dans des pots.

⚠ **Jeudi, ne jardinez pas avant 13 h 30.**

- Tentez des boutures des arbustes défleuris : forsythias, deutzias, seringas… Pour bouturer, coupez d'abord un morceau de tige ou de rameau sain en biseau. Avec des ciseaux, retirez la majorité des feuilles et, si elles sont grandes, coupez-les de moitié en suivant les nervures. Trempez ensuite la base de la tige sur 1 ou 2 cm dans un sachet d'hormones de bouturage. Dans la terre, creusez un trou plus large que la tige et mettez-la en place assez profondément.

- Tondez la pelouse dans des directions différentes à chaque tonte : une fois dans la longueur de la pelouse, puis dans sa largeur, et ainsi de suite. Cette technique permet d'éviter la compaction du sol et aide l'herbe à pousser droit. Si les déchets de tonte sont courts et bien disséminés, laissez-les en place.

Ne pas oublier : en fonction des besoins, apportez un engrais biologique spécial gazon à votre pelouse.

Date	Notes :	Météo :
Lundi 29 mai Lundi de Pentecôte		Pluie : ... mm Cumul : ... mm °C mini : ... °C maxi : ... Pression : ... hPa Temps : ...
Mardi 30 mai Sᵗ Ferdinand		Pluie : ... mm Cumul : ... mm °C mini : ... °C maxi : ... Pression : ... hPa Temps : ...
Mercredi 31 mai Visitation		Pluie : ... mm Cumul : ... mm °C mini : ... °C maxi : ... Pression : ... hPa Temps : ...
Jeudi 1er juin Sᵗ Justin		Pluie : ... mm Cumul : ... mm °C mini : ... °C maxi : ... Pression : ... hPa Temps : ...
Vendredi 2 juin Sᵗᵉ Blandine		Pluie : ... mm Cumul : ... mm °C mini : ... °C maxi : ... Pression : ... hPa Temps : ...
Samedi 3 juin Sᵗ Kévin		Pluie : ... mm Cumul : ... mm °C mini : ... °C maxi : ... Pression : ... hPa Temps : ...
Dimanche 4 juin Fête des Mères		Pluie : ... mm Cumul : ... mm °C mini : ... °C maxi : ... Pression : ... hPa Temps : ...

« Juin bien fleuri, vrai paradis. »

♈ Bélier ♉ Taureau ♊ Gémeaux ♋ Cancer ♌ Lion ♍ Vierge ♎ Balance ♏ Scorpion ♐ Sagittaire ♑ Capricorne ♒ Verseau ♓ Poissons

Date	Lune	Lever coucher	Jour	Zodiaque
Lundi 5 juin	L. desc. ; 18 h 21	– / 6 h 20		4 h 07 ♐
Mardi 6 juin	Lune montante	0 h 03 / 7 h 26		
Mercredi 7 juin	P à 1 h 06	0 h 56 / 8 h 45		8 h 57 ♑
Jeudi 8 juin	Lune montante	1 h 34 / 10 h 11		
Vendredi 9 juin	Lune montante	2 h 02 / 11 h 37		5 h 44 ♒
Samedi 10 juin	◐ à 21 h 31	2 h 23 / 13 h 00		
Dimanche 11 juin	Lune montante	2 h 40 / 14 h 20		11 h 58 ♓

Travaux au jardin

4 h 07 ♐

- Après la chute naturelle des fruits, éclaircissez les pommes et les poires en conservant le fruit du centre pour les pommiers et un fruit périphérique pour les poiriers. Ceci permet d'éliminer les fruits en surnombre, de faire grossir les fruits maintenus en place, de les rendre plus goûteux et naturellement plus sucrés. Cette opération soulage aussi les branches qui risqueraient autrement de se briser sous le poids excessif des fruits. Elle diminue également les risques de maladies. Pour éclaircir, il faut légèrement secouer l'arbre pour faire tomber les fruits mal accrochés et/ou malades.

8 h 57 ♑

⚠ **Mercredi, ne jardinez pas avant 6 h 10.**

- Plantez les glaïeuls, les cannas et les dahlias. Divisez les souches des gentianes, des anémones et des asters.
- Semez des carottes pour vos récoltes d'hiver ('Purple Hase', 'Flyaway', 'de Colmar'). Prévoyez 30 cm entre deux rangs, creusez de larges sillons, couvrez, tassez et arrosez en pluie fine.
- Alternez les rangs de carottes avec des semis de radis ('Violet d'Hiver', 'de Gournay', 'Rose de Chine').

5 h 44 ♒

- Semez des mufliers en mélangeant les graines avec du sable fin car celles-ci sont minuscules. Semez l'agastache qui est à la fois aromatique et très florifère, le lin vivace et l'ancolie en pépinière, en lignes, pour désherber plus facilement.
- Semez en place les fleurs annuelles en recouvrant légèrement les graines. Arrosez en pluie fine. Il est encore temps de semer les fleurs annuelles à croissance rapide directement en place.
- Vous pouvez commencer les semis de fleurs bisannuelles comme la campanule et la giroflée ravenelle. Vous pouvez aussi semer du pavot et de la rose trémière, sauf dans les régions à climat sec.

11 h 58 ♓

- Par temps sec et avant la floraison, coupez l'ortie et la consoude. Faites-les sécher. Elles serviront à l'élaboration de différents traitements biologiques.

Ne pas oublier : arrosez régulièrement toutes les plantes en fonction de leurs besoins et des conditions climatiques.

Date	Notes :	Météo :
Lundi 5 juin St Igor		Pluie : …… mm Cumul : …… mm °C mini : …… °C maxi : …… Pression : …… hPa Temps : ……
Mardi 6 juin St Norbert		Pluie : …… mm Cumul : …… mm °C mini : …… °C maxi : …… Pression : …… hPa Temps : ……
Mercredi 7 juin St Gilbert		Pluie : …… mm Cumul : …… mm °C mini : …… °C maxi : …… Pression : …… hPa Temps : ……
Jeudi 8 juin St Médard		Pluie : …… mm Cumul : …… mm °C mini : …… °C maxi : …… Pression : …… hPa Temps : ……
Vendredi 9 juin Ste Diane		Pluie : …… mm Cumul : …… mm °C mini : …… °C maxi : …… Pression : …… hPa Temps : ……
Samedi 10 juin St Landry		Pluie : …… mm Cumul : …… mm °C mini : …… °C maxi : …… Pression : …… hPa Temps : ……
Dimanche 11 juin St Barnabé		Pluie : …… mm Cumul : …… mm °C mini : …… °C maxi : …… Pression : …… hPa Temps : ……

« Juin froid et pluvieux, tout l'an sera grincheux. »

♈ Bélier ♉ Taureau ♊ Gémeaux ♋ Cancer ♌ Lion ♍ Vierge ♎ Balance ♏ Scorpion ♐ Sagittaire ♑ Capricorne ♒ Verseau ♓ Poissons

Date	Lune	Lever coucher	Zodiaque
Lundi 12 juin	Lune montante	2 h 56 / 15 h 39	♓
Mardi 13 juin	Lune montante	3 h 12 / 16 h 55	♓ puis 18 h 27 ♈
Mercredi 14 juin	NA à 2 h 04 – Lune montante	3 h 29 / 18 h 12	♈
Jeudi 15 juin	Lune montante	3 h 48 / 19 h 30	♈ puis 19 h 18 ♉
Vendredi 16 juin	Lune montante	4 h 12 / 20 h 44	♉
Samedi 17 juin	Lune montante	4 h 43 / 21 h 54	♉
Dimanche 18 juin	Pleine lune à 6 h 37 – L.d. 23 h 05	5 h 24 / 22 h 53	♉ puis 13 h 57 ♊

Travaux au jardin

- Plantez les premières salades entre les rangs d'échalotes ou d'oignons. De cette manière, elles absorberont l'azote dont ces derniers n'ont aucun besoin. En principe, et dans de bonnes conditions, les salades doivent lever en trois ou quatre jours. Si ce n'est pas le cas, il est inutile d'insister car elles ne donneraient que des plants fragiles.
- Notamment dans le Midi, semez des laitues qui résistent à la chaleur comme 'Sucrine' ou 'Craquante'.

- Semez des coloquintes. Leurs fruits seront très décoratifs dans la maison en fin d'année. En attendant la récolte, utilisez les plants comme couvre-sol ou faites-les grimper sur un support.

⚠ Mercredi, ne jardinez pas avant 7 h 05.

- Semez maintenant des courgettes en pleine terre pour une récolte prévue vers la fin de l'été. Par temps chaud, arrosez modérément pour éviter que l'oïdium ne se développe.
- Si vous ne l'avez pas fait au mois de mai, éclaircissez les poiriers et les pommiers en ne laissant qu'un seul fruit par bouquet.

- Plantez les glaïeuls, dahlias et cannas. Divisez les souches des gentianes, des asters, des anémones…
- Commencez les semis des radis d'hiver très rustiques, en évitant la proximité du chou. Semez en ligne, à 2 cm de profondeur, tous les 4 à 5 cm. Vous éclaircirez à 15 cm. À côté des variétés traditionnelles comme 'Violet de Gournay', 'Rose d'hiver de Chine', 'Noir gros long d'hiver' ou 'Noir rond', vous trouverez aussi des variétés d'origine japonaise appelées 'Daïkon' à la saveur plus douce et parfois même sucrée. Les radis d'hiver apprécient une terre profonde, humifère mais sans fumure récente, restant fraîche tout en appréciant le soleil.
- Installez les légumes racines que vous récolterez dans le courant de l'automne, mais aussi en hiver.

- Semez l'agastache qui est à la fois aromatique et très florifère, le lin vivace et l'ancolie en pépinière, en lignes, pour désherber plus facilement.

Ne pas oublier : poursuivez les apports d'engrais biologiques aux plantes d'intérieur.

Date	Notes :	Météo :
Lundi 12 juin St Guy		Pluie : ...... mm Cumul : ...... mm °C mini : ...... °C maxi : ...... Pression : ...... hPa Temps : ......
Mardi 13 juin St Ant. de Padoue		Pluie : ...... mm Cumul : ...... mm °C mini : ...... °C maxi : ...... Pression : ...... hPa Temps : ......
Mercredi 14 juin St Elisée		Pluie : ...... mm Cumul : ...... mm °C mini : ...... °C maxi : ...... Pression : ...... hPa Temps : ......
Jeudi 15 juin Ste Germaine		Pluie : ...... mm Cumul : ...... mm °C mini : ...... °C maxi : ...... Pression : ...... hPa Temps : ......
Vendredi 16 juin St J.-F. Régis		Pluie : ...... mm Cumul : ...... mm °C mini : ...... °C maxi : ...... Pression : ...... hPa Temps : ......
Samedi 17 juin St Hervé		Pluie : ...... mm Cumul : ...... mm °C mini : ...... °C maxi : ...... Pression : ...... hPa Temps : ......
Dimanche 18 juin Fête des Pères		Pluie : ...... mm Cumul : ...... mm °C mini : ...... °C maxi : ...... Pression : ...... hPa Temps : ......

« Pluie de Saint-Guy, c'est tout l'an qui rit. »

♈ Bélier ♉ Taureau ♊ Gémeaux ♋ Cancer ♌ Lion ♍ Vierge ♎ Balance ♏ Scorpion ♐ Sagittaire ♑ Capricorne ♒ Verseau ♓ Poissons

Date	Lune	Lever coucher	Jour	Zodiaque	Travaux au jardin
Lundi 19 juin	Lune descendante	6 h 15 – 23 h 41		♊	➢ Taillez les rosiers non remontants. Supprimez les roses fanées des rosiers qui sont encore en fleurs pour prolonger la floraison. ➢ Marcottez la bignone et la glycine. Le marcottage est une technique qui, comme le bouturage, permet de multiplier les plantes en provoquant l'apparition de racines sur des tiges normales encore attachées à un végétal que vous désirez reproduire.
Mardi 20 juin	Lune descendante	7 h 16 – –		18 h 45 ♋	➢ Taillez le lierre afin qu'il n'envahisse pas les gouttières. Contrairement à ce que l'on pense, le lierre ne porte pas préjudice aux murs qu'il recouvre à condition qu'ils soient suffisamment étanches pour interdire la pénétration des crampons végétaux. Au contraire, le feuillage dense et persistant du lierre peut jouer un rôle d'isolant, protégeant les murs des vents froids et de la pluie.
Mercredi 21 juin Solstice d'été	Lune descendante	8 h 23 – 0 h 16			
Jeudi 22 juin	A à 20 h 30	9 h 32 – 0 h 44		9 h 53 ♌	**⚠ Jeudi, ne jardinez plus après 15 h 30.** ➢ Éclaircissez les pommiers et les poiriers en ne laissant qu'un seul fruit par bouquet. ➢ Taillez les cerisiers juste après qu'ils aient produit, pour éviter l'écoulement de gomme. ➢ Taillez les gourmands des tomates qui retardent les fructifications en cours. Ne les jetez pas : les plus vigoureux peuvent être repiqués en pleine terre pour donner des fruits. Placez les autres sur les têtes de vos choux : ce sont d'excellents répulsifs naturels contre les chenilles. ➢ Pincez les melons, les courges et les potirons. Une astuce consiste à les marcotter dans une poche de terreau au niveau des nœuds, pour provoquer un enracinement secondaire et une meilleure vigueur. Mettez un poids sur ces marcottes, renouvelez le paillage.
Vendredi 23 juin	Lune descendante	10 h 41 – 1 h 05			
Samedi 24 juin	Lune descendante	11 h 50 – 1 h 22			
Dimanche 25 juin	Lune descendante	12 h 57 – 1 h 37		10 h 35 ♍	➢ Éclaircissez et repiquez les endives en supprimant une partie du feuillage. ➢ Éclaircissez les carottes, les choux-raves, les navets et les rutabagas.

Ne pas oublier : si les aiguilles de vos jeunes conifères jaunissent, arrosez chaque jour leur feuillage avec un jet fin.

Date	Notes :	Météo :
Lundi 19 juin St Romuald		Pluie : ...... mm Cumul : ...... mm °C mini : .... °C maxi : .... Pression : .... hPa Temps : ....
Mardi 20 juin St Sylvère		Pluie : ...... mm Cumul : ...... mm °C mini : .... °C maxi : .... Pression : .... hPa Temps : ....
Mercredi 21 juin Été		Pluie : ...... mm Cumul : ...... mm °C mini : .... °C maxi : .... Pression : .... hPa Temps : ....
Jeudi 22 juin St Alban		Pluie : ...... mm Cumul : ...... mm °C mini : .... °C maxi : .... Pression : .... hPa Temps : ....
Vendredi 23 juin Ste Audrey		Pluie : ...... mm Cumul : ...... mm °C mini : .... °C maxi : .... Pression : .... hPa Temps : ....
Samedi 24 juin St Jean-Baptiste		Pluie : ...... mm Cumul : ...... mm °C mini : .... °C maxi : .... Pression : .... hPa Temps : ....
Dimanche 25 juin St Prosper		Pluie : ...... mm Cumul : ...... mm °C mini : .... °C maxi : .... Pression : .... hPa Temps : ....

« Soleil de juin luit de grand matin. »

♈ Bélier ♉ Taureau ♊ Gémeaux ♋ Cancer ♌ Lion ♍ Vierge ♎ Balance ♏ Scorpion ♐ Sagittaire ♑ Capricorne ♒ Verseau ♓ Poissons

Date	Lune	Lever / coucher	Zodiaque
Lundi 26 juin	à 9 h 49	14 h 05 / 1 h 51	♍
Mardi 27 juin		15 h 15 / 2 h 04	
Mercredi 28 juin	ND à 14 h 23	16 h 27 / 2 h 18	
Jeudi 29 juin		17 h 45 / 2 h 35	2 h 22 ♎
Vendredi 30 juin		19 h 06 / 2 h 57	16 h 50 ♏
Samedi 1er juillet		20 h 28 / 3 h 26	
Dimanche 2 juillet		21 h 44 / 4 h 07	14 h 00 ♐

Lune descendante

Travaux au jardin

- Commencez la récolte de l'ail, de l'échalote et de l'oignon si leurs fanes sont jaunes. Vous les arracherez et les laisserez ressuyer au sol avant de les stocker dans un endroit sec. Si le sol est frais, vous pouvez les déchausser en enlevant la terre qui se trouve autour des bulbes afin de hâter leur flétrissement. Vous les stockerez alors en cagettes, sans les entasser, dans un endroit balayé par un courant d'air. En bottes ou non, une bonne aération est la clé de la conservation de ces légumes.
- Au fur et à mesure des besoins, récoltez les pommes de terre précoces. N'oubliez pas qu'elles ne se conservent pas.
- Éclaircissez les carottes jusqu'à 10 cm. Ne laissez pas les plants arrachés sur place car ils risquent d'attirer la mouche.

⚠ Mercredi, ne jardinez plus après 19 h 20.

- Taillez les tiges de la glycine sur la moitié, voire les deux tiers de leur longueur. La glycine doit absolument être taillée chaque année afin d'assurer une bonne floraison, de conserver des formes et une esthétique harmonieuses. La glycine ne réclame pas de soins particuliers, même si elle préfère une terre profonde, un peu fraîche, et qu'elle réclame un emplacement bénéficiant d'un ensoleillement optimal.

- Taillez le lierre afin qu'il n'envahisse pas les gouttières. Vous pouvez tailler franchement : le lierre adore ça ! Contrairement à ce que l'on pense parfois, le lierre ne porte pas préjudice au mur qu'il recouvre. À condition que celui-ci soit suffisamment étanche pour interdire la pénétration des crampons végétaux. Au contraire, le feuillage dense et persistant du lierre peut jouer un rôle d'isolant naturel, protégeant le mur des vents froids et de la pluie.

- Plantez un plant de courgette pour l'arrière-saison. Pincez vos potirons, vos courges et vos melons.

Ne pas oublier : arrosez désormais plutôt le soir que le matin si le temps se met à la chaleur.

Date	Notes :	Météo :
Lundi 26 juin St Anthelme		Pluie : ...... mm Cumul : ...... mm °C mini : .... °C maxi : .... Pression : .... hPa Temps : ....
Mardi 27 juin St Fernand		Pluie : ...... mm Cumul : ...... mm °C mini : .... °C maxi : .... Pression : .... hPa Temps : ....
Mercredi 28 juin Ste Irénée		Pluie : ...... mm Cumul : ...... mm °C mini : .... °C maxi : .... Pression : .... hPa Temps : ....
Jeudi 29 juin Sts Pierre, Paul		Pluie : ...... mm Cumul : ...... mm °C mini : .... °C maxi : .... Pression : .... hPa Temps : ....
Vendredi 30 juin St Martial		Pluie : ...... mm Cumul : ...... mm °C mini : .... °C maxi : .... Pression : .... hPa Temps : ....
Samedi 1er juillet St Thierry		Pluie : ...... mm Cumul : ...... mm °C mini : .... °C maxi : .... Pression : .... hPa Temps : ....
Dimanche 2 juillet St Martinien		Pluie : ...... mm Cumul : ...... mm °C mini : .... °C maxi : .... Pression : .... hPa Temps : ....

« En juin trop de pluie, le jardinier s'ennuie. »

♈ Bélier ♉ Taureau ♊ Gémeaux ♋ Cancer ♌ Lion ♍ Vierge ♎ Balance ♏ Scorpion ♐ Sagittaire ♑ Capricorne ♒ Verseau ♓ Poissons

Date	Lune	Lever coucher	Jour	Zodiaque	Travaux au jardin
Lundi 3 juillet	à 13 h 38 (2h27)	22 h 45 5 h 05		♐	Greffez en écusson les arbres fruitiers. Choisissez le bon porte-greffe selon la nature du sol. Prélevez les greffons et mettez-les en place dans une incision en T réalisée sur un porte-greffe. La croissance du bourgeon n'interviendra qu'au printemps suivant.
Mardi 4 juillet		23 h 30 6 h 20		17 h 51 ♑	Pensez à tondre vos pelouses. Une bonne tonte régulière est l'un des facteurs qui permettent de conserver une pelouse en parfait état. **⚠ Mercredi, ne jardinez pas avant 7 h 10.** Semez des radis d'hiver 'Rose de Chine' ou 'Violet de Gournay'. En terre profonde, et dans les régions bénéficiant d'un climat doux, vous pouvez aussi semer les radis asiatiques qui, en règle générale, ont une saveur plus douce, voire légèrement plus sucrée.
Mercredi 5 juillet	P à 0 h 25	– 7 h 47			
Jeudi 6 juillet	lune montante	0 h 02 9 h 16		13 h 21 ♒	Semez vos fleurs bisannuelles : œillets, giroflées… Semez aussi le lupin vivace. Maintenez le sol frais sans excès. En pépinière, semez les pâquerettes, les ancolies, les agastaches, les pensées et les lins. Dans les régions connaissant un climat frais, plantez les fraisiers. Dans les régions dont le climat est plus doux, vous pouvez attendre les premières pluies. Couvrez d'un filet pour protéger des oiseaux.
Vendredi 7 juillet		0 h 26 10 h 44			
Samedi 8 juillet		0 h 46 12 h 07		18 h 11 ♓	Semez les premiers engrais verts (sarrasin, trèfle rampant ou moutarde) dans les planches débarrassées de leurs cultures. Le principe de l'engrais vert est d'enrichir et d'améliorer le sol en y apportant des plantes poussées sur place qui puisent dans le sol et l'atmosphère les éléments qui seront utiles aux cultures suivantes. Il protège aussi le sol et le travaille en profondeur via les racines.
Dimanche 9 juillet		1 h 03 13 h 28			

Ne pas oublier : entretenez votre mobilier de jardin (table, chaises, chaises longues…).

Date	Notes :	Météo :
Lundi 3 juillet St Thomas		Pluie : ...... mm Cumul : ...... mm °C mini : .... °C maxi : .... Pression : .... hPa Temps : ....
Mardi 4 juillet St Florent		Pluie : ...... mm Cumul : ...... mm °C mini : .... °C maxi : .... Pression : .... hPa Temps : ....
Mercredi 5 juillet St Antoine		Pluie : ...... mm Cumul : ...... mm °C mini : .... °C maxi : .... Pression : .... hPa Temps : ....
Jeudi 6 juillet Ste Mariette		Pluie : ...... mm Cumul : ...... mm °C mini : .... °C maxi : .... Pression : .... hPa Temps : ....
Vendredi 7 juillet St Raoul		Pluie : ...... mm Cumul : ...... mm °C mini : .... °C maxi : .... Pression : .... hPa Temps : ....
Samedi 8 juillet St Thibault		Pluie : ...... mm Cumul : ...... mm °C mini : .... °C maxi : .... Pression : .... hPa Temps : ....
Dimanche 9 juillet Ste Amandine		Pluie : ...... mm Cumul : ...... mm °C mini : .... °C maxi : .... Pression : .... hPa Temps : ....

« Si le début juillet est pluvieux, le restant du mois sera douteux. »

♈ Bélier ♉ Taureau ♊ Gémeaux ♋ Cancer ♌ Lion ♍ Vierge ♎ Balance ♏ Scorpion ♐ Sagittaire ♑ Capricorne ♒ Verseau ♓ Poissons

Date	Lune	Lever coucher	Jour	Zodiaque	Travaux au jardin
Lundi 10 juillet	à 3 h 47 (lune montante)	1 h 19 / 14 h 46		♓	Récoltez les aromatiques avant leur floraison. Procédez par beau temps, en milieu de journée, et en tout cas après l'évaporation de la rosée. Vous les ferez sécher dans l'obscurité, dans un endroit chaud, sec et bien aéré.
Mardi 11 juillet	NA à 3 h 22 (lune montante)	1 h 35 / 16 h 03		0 h 01 ♈	**Mardi, ne jardinez pas avant 8 h 25.** Greffez en écusson les arbres fruitiers. Choisissez le bon porte-greffe selon la nature du sol. Prélevez les greffons et mettez-les en place dans une incision en T réalisée sur un porte-greffe. La croissance du bourgeon n'interviendra qu'au printemps suivant. Essayez des greffes en écusson de pêchers, d'abricotiers et de pruniers. Taillez les poiriers et les pommiers.
Mercredi 12 juillet	lune montante	1 h 54 / 17 h 20			
Jeudi 13 juillet	lune montante	2 h 16 / 18 h 34		0 h 58 ♉	Pensez à tondre vos pelouses. Une bonne tonte régulière est l'un des facteurs permettant de conserver une pelouse en parfait état. Pour un résultat optimal, effectuez les tontes lorsque l'herbe est sèche. Vous tondrez de préférence lorsque l'herbe est 30 % plus haute que la taille conseillée. Les graminées de climat froid doivent être maintenues à 6 ou 7 cm tandis que celles de climat chaud peuvent être coupées en été à 2 ou 3 cm seulement. Tondez aussi dans des directions différentes à chaque tonte : une fois dans la longueur de la pelouse, une fois dans sa largeur. Cela évite la compaction du sol et aide l'herbe à pousser droit. Soulagez le stress hydrique des arbres fruitiers en arrosant au pied.
Vendredi 14 juillet	lune montante	2 h 44 / 19 h 45			
Samedi 15 juillet	lune montante	3 h 22 / 20 h 47			
Dimanche 16 juillet	4 h 37 l. desc.	4 h 09 / 21 h 38		20 h 13 ♊	Taillez les rosiers non remontants défleuris en éliminant les vieux rameaux, ainsi que ceux qui sont en surnombre au centre de la touffe. Supprimez les roses fanées des rosiers qui sont encore en fleurs. Divisez et replantez les grosses touffes d'iris. Plantez les bulbes d'automne.

Ne pas oublier : sortez vos plantes d'intérieur à l'exposition adaptée à chacune, à l'ombre pour les orchidées et au soleil pour les plantes grasses et les cactées.

Date	Notes :	Météo :
Lundi 10 juillet St Ulrich		Pluie : ...... mm Cumul : ...... mm °C mini : ...... °C maxi : ...... Pression : ...... hPa Temps : ......
Mardi 11 juillet St Benoît		Pluie : ...... mm Cumul : ...... mm °C mini : ...... °C maxi : ...... Pression : ...... hPa Temps : ......
Mercredi 12 juillet St Olivier		Pluie : ...... mm Cumul : ...... mm °C mini : ...... °C maxi : ...... Pression : ...... hPa Temps : ......
Jeudi 13 juillet Sts Henri, Joël		Pluie : ...... mm Cumul : ...... mm °C mini : ...... °C maxi : ...... Pression : ...... hPa Temps : ......
Vendredi 14 juillet Fête nationale		Pluie : ...... mm Cumul : ...... mm °C mini : ...... °C maxi : ...... Pression : ...... hPa Temps : ......
Samedi 15 juillet St Donald		Pluie : ...... mm Cumul : ...... mm °C mini : ...... °C maxi : ...... Pression : ...... hPa Temps : ......
Dimanche 16 juillet N.-D. du Mt Carmel		Pluie : ...... mm Cumul : ...... mm °C mini : ...... °C maxi : ...... Pression : ...... hPa Temps : ......

« En juillet, sombre matinée n'empêche pas belle journée. »

♈ Bélier ♉ Taureau ♊ Gémeaux ♋ Cancer ♌ Lion ♍ Vierge ♎ Balance ♏ Scorpion ♐ Sagittaire ♑ Capricorne ♒ Verseau ♓ Poissons

Date	Lune	Lever coucher	Jour	Zodiaque	Travaux au jardin
Lundi 17 juillet	▼ à 20 h 31	5 h 07 22 h 17		♊	➤ Taillez les rosiers non remontants défleuris en éliminant les vieux rameaux, ainsi que ceux qui sont en surnombre au centre de la touffe. Supprimez les roses fanées des rosiers qui sont encore en fleurs.
Mardi 18 juillet	▲	6 h 12 22 h 47		1 h 21 ♋	➤ Nettoyez les endroits envahis par la ronce et les chardons, en coupant au plus près du sol. Pour se débarrasser de manière écologique des chardons, évitez toute montée en graine, par des arrachages ou des fauchages successifs. Un fauchage sous la pluie permet à l'eau de pénétrer dans le trou de la tige : c'est généralement fatal aux chardons.
Mercredi 19 juillet	▲	7 h 21 23 h 10		16 h 35 ♌	➤ Dans le verger, taillez en vert les arbres fruitiers palissés. Taillez les pommiers conduits en cordon ou en U, ainsi que les poiriers palissés vigoureux. La taille en vert s'effectue lorsque les arbres fruitiers portent leurs feuilles et souvent des fruits. Elle est d'une grande utilité et facile à réaliser.
Jeudi 20 juillet	▲ A à 8 h 56	8 h 30 23 h 28			⚠ **Jeudi, ne jardinez pas avant 14 h 00.**
Vendredi 21 juillet	▲	9 h 39 23 h 43			➤ Taillez légèrement vos cerisiers après leur production : ils produiront alors moins de gomme. ➤ Dans la fraiseraie, préparez et enrichissez le sol avant de planter de nouveaux fraisiers le mois prochain. Vous serez ainsi assuré d'obtenir une pleine production dès la première année d'exploitation. N'oubliez pas que les fraisiers ne restent que 3 ou 4 ans en place au même endroit.
Samedi 22 juillet	▲	10 h 46 23 h 57		17 h 36 ♍	➤ Si les plants de pommes de terre commencent à fleurir, commencez leur arrachage. Faites-les ressuyer quelques heures au soleil (quelques heures seulement afin d'éviter tout verdissement), laissez-les ensuite sécher dans des cagettes à l'ombre. Attendez une quinzaine de jours avant de les stocker. Il faut éviter de stocker les pommes de terre à même le sol.
Dimanche 23 juillet	▲	11 h 53 –			

lune descendante

Ne pas oublier : pour préserver les espèces rares, commencez à recueillir les graines des fleurs.

Date	Notes :	Météo :
Lundi 17 juillet Ste Charlotte		Pluie : ...... mm Cumul : ...... mm °C mini : ...... °C maxi : ...... Pression : ...... hPa Temps : ......
Mardi 18 juillet St Frédéric		Pluie : ...... mm Cumul : ...... mm °C mini : ...... °C maxi : ...... Pression : ...... hPa Temps : ......
Mercredi 19 juillet St Arsène		Pluie : ...... mm Cumul : ...... mm °C mini : ...... °C maxi : ...... Pression : ...... hPa Temps : ......
Jeudi 20 juillet Ste Marina		Pluie : ...... mm Cumul : ...... mm °C mini : ...... °C maxi : ...... Pression : ...... hPa Temps : ......
Vendredi 21 juillet St Victor		Pluie : ...... mm Cumul : ...... mm °C mini : ...... °C maxi : ...... Pression : ...... hPa Temps : ......
Samedi 22 juillet Ste M.-Madeleine		Pluie : ...... mm Cumul : ...... mm °C mini : ...... °C maxi : ...... Pression : ...... hPa Temps : ......
Dimanche 23 juillet Ste Brigitte		Pluie : ...... mm Cumul : ...... mm °C mini : ...... °C maxi : ...... Pression : ...... hPa Temps : ......

« Soleil de juillet donne la fortune. »

♈ Bélier ♉ Taureau ♊ Gémeaux ♋ Cancer ♌ Lion ♍ Vierge ♎ Balance ♏ Scorpion ♐ Sagittaire ♑ Capricorne ♒ Verseau ♓ Poissons

Date	Lune	Lever / coucher	Jour	Zodiaque	Travaux au jardin
Lundi 24 juillet	Lune descendante	13 h 00 / 0 h 09		♍	Commencez la récolte des oignons, des échalotes et de l'ail en les laissant ressuyer sur le sol pendant plusieurs jours avant de les stocker dans un endroit sec. Au fur et à mesure des besoins, récoltez les pommes de terre précoces. N'oubliez pas qu'elles ne se conservent pas.
Mardi 25 juillet	ND à 17 h 05	14 h 10 / 0 h 23			**⚠ Mardi, ne jardinez plus après 12 h 00.** Préparez pour vos semis d'oignons une parcelle non fumée récemment et n'ayant pas accueilli de légumineuse cette année.
Mercredi 26 juillet	◐ à 0 h 06	15 h 24 / 0 h 38		10 h 55 ♎	Installez les bulbes d'automne tels que crocus, colchique et cyclamen. Pour obtenir une plantation paraissant naturelle (pas trop régulière), jetez les bulbes à la volée et plantez-les à l'endroit où ils sont tombés. Divisez et replantez les grosses touffes d'iris. L'iris ne demande généralement pas d'engrais lorsqu'il est installé dans une bonne terre de jardin. Un apport de compost conserve cependant toute son utilité.
Jeudi 27 juillet		16 h 42 / 0 h 57			
Vendredi 28 juillet		18 h 02 / 1 h 22		2 h 20 ♏	Éclaircissez les laitues, les scaroles et les chicorées. Si ces dernières sont suffisamment avancées, blanchissez-les en les couvrant d'un pot ou d'une cloche opaque pendant une dizaine de jours au maximum. Ceci atténuera quelque peu leur amertume.
Samedi 29 juillet		19 h 20 / 1 h 56			
Dimanche 30 juillet	13 h 14 l. m.	20 h 28 / 2 h 44		0 h 20 ♐	En lune descendante et en climat frais, plantez vos fraisiers. Dans les régions bénéficiant d'un climat plus doux, vous pouvez attendre les premières pluies. Ne raccourcissez ni les feuillages, ni les racines. Pralinez plutôt les racines.

Ne pas oublier : sur les balcons et les terrasses, arrosez une fois par jour, de préférence en soirée.

Date	Notes :	Météo :
Lundi 24 juillet Ste Christine		Pluie : ...... mm Cumul : ...... mm °C mini : .... °C maxi : .... Pression : .... hPa Temps : ....
Mardi 25 juillet St Jacques		Pluie : ...... mm Cumul : ...... mm °C mini : .... °C maxi : .... Pression : .... hPa Temps : ....
Mercredi 26 juillet Ste Anne, Joachim		Pluie : ...... mm Cumul : ...... mm °C mini : .... °C maxi : .... Pression : .... hPa Temps : ....
Jeudi 27 juillet Ste Nathalie		Pluie : ...... mm Cumul : ...... mm °C mini : .... °C maxi : .... Pression : .... hPa Temps : ....
Vendredi 28 juillet St Samson		Pluie : ...... mm Cumul : ...... mm °C mini : .... °C maxi : .... Pression : .... hPa Temps : ....
Samedi 29 juillet Ste Marthe		Pluie : ...... mm Cumul : ...... mm °C mini : .... °C maxi : .... Pression : .... hPa Temps : ....
Dimanche 30 juillet Ste Juliette		Pluie : ...... mm Cumul : ...... mm °C mini : .... °C maxi : .... Pression : .... hPa Temps : ....

« Juillet sans orage, famine au village. »

♈ Bélier ♉ Taureau ♊ Gémeaux ♋ Cancer ♌ Lion ♍ Vierge ♎ Balance ♏ Scorpion ♐ Sagittaire ♑ Capricorne ♒ Verseau ♓ Poissons

Date	Lune	Lever coucher	Jour	Zodiaque	Travaux au jardin
Lundi 31 juillet	▲ lune montante	21 h 21 / 3 h 51		♐	Greffez en écusson les pommiers, les poiriers, les cerisiers, les pêchers, les pruniers et les abricotiers. Prélevez les greffons sans abîmer les yeux, conservez un morceau du pétiole. Glissez les greffons dans une incision en T et ligaturez avec du raphia.
Mardi 1er août	▲ ○ à 20 h 31	21 h 59 / 5 h 14		4 h 40 ♑	Semez des oignons blancs que vous repiquerez dans le courant du mois d'octobre afin de les consommer en mars ou en avril prochains. Dans le Midi, vous pouvez aussi semer des oignons de couleur. L'oignon craint l'humidité : plantez-le sur butte afin de faciliter le drainage du sol. Ne semez ni ne repiquez des oignons près des plantes demandant des arrosages. ⚠ **Mercredi, ne jardinez pas avant 13 h 00.**
Mercredi 2 août	▼ P à 7 h 52	22 h 27 / 6 h 44			
Jeudi 3 août	▼	22 h 49 / 8 h 15		23 h 09 ♒	Marcottez les plantes grimpantes telles que le chèvrefeuille. Le marcottage est une technique de multiplication relativement simple à réaliser et qui peut être appliquée à un assez grand nombre d'arbres et d'arbustes : vigne vierge, jasmin d'hiver, glycine, viorne, forsythia, magnolia, clématite…
Vendredi 4 août	▼	23 h 07 / 9 h 44			
Samedi 5 août	▼	23 h 24 / 11 h 08		1 h 48 ♓	Taillez les haies de thuyas. Élargissez plus le bas que le sommet. Si aucune taille n'est effectuée, le thuya peut atteindre jusqu'à une vingtaine de mètres de haut. Il se caractérise alors par une forme conique. Pour votre haie de thuyas, vous devez choisir la hauteur de taille et l'épaisseur que vous désirez. Une bonne taille effectuée au mois d'août garantit une croissance parfaitement maîtrisée du végétal car c'est à ce moment que la sève descend. Une taille de printemps s'effectue plutôt en sève montante et accélère donc la croissance de l'arbre.
Dimanche 6 août	▼	23 h 40 / 12 h 30			

Ne pas oublier : pendant les périodes les plus chaudes, vaporisez chaque jour un peu d'eau tiède sur les plantes d'intérieur.

Date	Notes :	Météo :
Lundi 31 juillet St I. de Loyola		Pluie : ...... mm Cumul : ...... mm °C mini : .... °C maxi : .... Pression : .... hPa Temps : ....
Mardi 1er août St Alphonse		Pluie : ...... mm Cumul : ...... mm °C mini : .... °C maxi : .... Pression : .... hPa Temps : ....
Mercredi 2 août St Julien-Eymard		Pluie : ...... mm Cumul : ...... mm °C mini : .... °C maxi : .... Pression : .... hPa Temps : ....
Jeudi 3 août Ste Lydie		Pluie : ...... mm Cumul : ...... mm °C mini : .... °C maxi : .... Pression : .... hPa Temps : ....
Vendredi 4 août St J.-M. Vianney		Pluie : ...... mm Cumul : ...... mm °C mini : .... °C maxi : .... Pression : .... hPa Temps : ....
Samedi 5 août St Abel		Pluie : ...... mm Cumul : ...... mm °C mini : .... °C maxi : .... Pression : .... hPa Temps : ....
Dimanche 6 août Transfiguration		Pluie : ...... mm Cumul : ...... mm °C mini : .... °C maxi : .... Pression : .... hPa Temps : ....

« En août, de l'aube au soir, on n'a qu'une heure pour s'asseoir. »

♈ Bélier ♉ Taureau ♊ Gémeaux ♋ Cancer ♌ Lion ♍ Vierge ♎ Balance ♏ Scorpion ♐ Sagittaire ♑ Capricorne ♒ Verseau ♓ Poissons

Date	Lune	Lever / coucher	Jour	Zodiaque
Lundi 7 août	NA à 4 h 45 (lune montante)	23 h 58 / 13 h 50		6 h 44 ♈
Mardi 8 août	à 12 h 28 (lune montante)	- / 15 h 09		
Mercredi 9 août	lune montante	0 h 19 / 16 h 25		6 h 49 ♉
Jeudi 10 août	lune montante	0 h 46 / 17 h 38		
Vendredi 11 août	lune montante	1 h 21 / 18 h 43		
Samedi 12 août	9h34 lune descendante	2 h 05 / 19 h 37		1 h 53 ♊
Dimanche 13 août	lune descendante	3 h 00 / 20 h 19		

Travaux au jardin

⚠ Lundi, ne jardinez pas avant 9 h 45.

- Dans le Midi, semez des haricots nains qui profiteront des pluies de fin d'été et pourront donner en octobre, quand les températures sont encore élevées.
- Récoltez les haricots à écosser, à consommer frais ou à faire sécher. Liez en bottes, suspendez dans un local ventilé.
- Cueillez les fraises et les framboises.
- Greffez en écusson toutes sortes de fruitiers. Ce type de greffe, le plus facile, réussit bien par temps couvert.

- Dans les régions qui bénéficient d'un climat doux, tentez un semis d'oignons blancs. Ils seront à repiquer dans le courant du mois d'octobre, pour une consommation prévue au début du printemps prochain. Vous pouvez aussi semer des oignons de couleur. Semez serré pour obtenir des bulbilles de petite taille qui risquent moins de monter en graine.
- Dans les régions bénéficiant d'un climat doux, semez les oignons blancs 'Hâtif de Paris', 'Printanier parisien', 'de Vaugirard'. Vous pouvez aussi semer les oignons jaunes 'Paille des vertus' et 'Espagnol'. Enfin, il est encore possible de semer les oignons rouges 'de Florence', 'de Brunswick', 'Pâle de Niort'. Vous les sèmerez en pépinière, en rangs espacés de 20 à 30 cm. Vous éclaircirez les jeunes plants tous les 5 cm.

- Faites vos boutures de pélargoniums en prélevant des tronçons feuillés de 10 cm de long. Plantez en godet, sous abri, en arrosant régulièrement.
- Marcottez des plantes grimpantes comme le chèvrefeuille.
- Nettoyez vos vivaces en coupant les tiges des fleurs fanées.
- Arrosez et renouvelez le paillage des massifs de plantes à fleurs.

Ne pas oublier : c'est le moment de tuteurer les hautes tiges fleuries pour leur permettre de mieux résister aux orages.

Date	Notes :	Météo :
Lundi 7 août St Gaétan		Pluie : ...... mm Cumul : ...... mm °C mini : .... °C maxi : .... Pression : .... hPa Temps : ....
Mardi 8 août St Dominique		Pluie : ...... mm Cumul : ...... mm °C mini : .... °C maxi : .... Pression : .... hPa Temps : ....
Mercredi 9 août St Amour		Pluie : ...... mm Cumul : ...... mm °C mini : .... °C maxi : .... Pression : .... hPa Temps : ....
Jeudi 10 août St Laurent		Pluie : ...... mm Cumul : ...... mm °C mini : .... °C maxi : .... Pression : .... hPa Temps : ....
Vendredi 11 août Ste Claire		Pluie : ...... mm Cumul : ...... mm °C mini : .... °C maxi : .... Pression : .... hPa Temps : ....
Samedi 12 août Ste Clarisse		Pluie : ...... mm Cumul : ...... mm °C mini : .... °C maxi : .... Pression : .... hPa Temps : ....
Dimanche 13 août St Hippolyte		Pluie : ...... mm Cumul : ...... mm °C mini : .... °C maxi : .... Pression : .... hPa Temps : ....

« Chaleur d'août, c'est du bien partout. »

♈ Bélier ♉ Taureau ♊ Gémeaux ♋ Cancer ♌ Lion ♍ Vierge ♎ Balance ♏ Scorpion ♐ Sagittaire ♑ Capricorne ♒ Verseau ♓ Poissons

Date	Lune	Lever coucher	Jour	Zodiaque	Travaux au jardin
Lundi 14 août	lune descendante	4 h 03 20 h 51		♊ 7 h 15 ♋	Arrosez et renouvelez le paillage des massifs de plantes à fleurs. Si vous envisagez de semer une nouvelle pelouse, c'est le moment de préparer le sol : bêchez, affinez la terre et aplanissez. Laissez germer les mauvaises herbes que vous éliminerez au début du mois de septembre, juste avant d'effectuer les semis de gazon.
Mardi 15 août	lune descendante	5 h 11 21 h 16		22 h 38	
Mercredi 16 août	à 11 h 38 A à 13 h 54 lune descendante	6 h 20 21 h 35		♌	**Mercredi, ne jardinez pas entre 8 h 50 et 19 h.** Plantez les fraisiers. Hydratez les mottes avant de dépoter les plants ou pralinez les racines s'ils sont à racines nues. Installez-les dans des trous préalablement enrichis de compost (un compost d'origine forestière est idéal), sans enterrer le collet. Tassez et arrosez généreusement. Après la récolte, taillez les abricotiers et les pêchers : les rameaux ayant fructifié ne donneront plus de fruits. Coupez-les après les deux rameaux de remplacement de la base qui fructifieront l'an prochain. Taillez les framboisiers non remontants : coupez au ras du sol les cannes qui ont fructifié.
Jeudi 17 août	lune descendante	7 h 29 21 h 50			
Vendredi 18 août	lune descendante	8 h 37 22 h 04		23 h 43	
Samedi 19 août	lune descendante	9 h 44 22 h 17		♍	Pour rénover les parties abîmées de la pelouse, apportez-leur du fumier ou de la tourbe. Semez, roulez et arrosez. Si les plants ont fleuri, vous pouvez arracher les pommes de terre de conservation qui doivent se détacher facilement. Laissez-les ressuyer pendant quelques heures au soleil avant de les mettre en cagettes à l'abri de la lumière. Arrachez ail, oignon et échalote en les laissant ressuyer à même le sol et au soleil, à l'exception de l'ail qui doit sécher à l'ombre pour rester bien blanc.
Dimanche 20 août	lune descendante	10 h 51 22 h 30			

Ne pas oublier : coupez les fleurs fanées pour prolonger la durée de vos massifs de fleurs.

Date	Notes :	Météo :
Lundi 14 août St Evrard		Pluie : ...... mm Cumul : ...... mm °C mini : .... °C maxi : .... Pression : .... hPa Temps : ....
Mardi 15 août Assomption		Pluie : ...... mm Cumul : ...... mm °C mini : .... °C maxi : .... Pression : .... hPa Temps : ....
Mercredi 16 août St Armel		Pluie : ...... mm Cumul : ...... mm °C mini : .... °C maxi : .... Pression : .... hPa Temps : ....
Jeudi 17 août St Hyacinthe		Pluie : ...... mm Cumul : ...... mm °C mini : .... °C maxi : .... Pression : .... hPa Temps : ....
Vendredi 18 août Ste Hélène		Pluie : ...... mm Cumul : ...... mm °C mini : .... °C maxi : .... Pression : .... hPa Temps : ....
Samedi 19 août St Jean-Eudes		Pluie : ...... mm Cumul : ...... mm °C mini : .... °C maxi : .... Pression : .... hPa Temps : ....
Dimanche 20 août St Bernard		Pluie : ...... mm Cumul : ...... mm °C mini : .... °C maxi : .... Pression : .... hPa Temps : ....

« C'est le mois d'août qui donne le bon goût. »

♈ Bélier ♉ Taureau ♊ Gémeaux ♋ Cancer ♌ Lion ♍ Vierge ♎ Balance ♏ Scorpion ♐ Sagittaire ♑ Capricorne ♒ Verseau ♓ Poissons

Date	Lune	Lever coucher	Jour	Zodiaque	Travaux au jardin
Lundi 21 août	ND à 18 h 22 — lune descendante	12 h 00 / 22 h 44		♍	**⚠ Lundi, ne jardinez plus après 13 h 20.** ➧ Préparez le sol pour les futurs semis d'oignons, sur une parcelle non fumée récemment et n'ayant pas accueilli de légumineuses cette année. ➧ Vous pouvez tenter un semis d'oignons blancs. Ils seront à repiquer au mois d'octobre, pour une consommation prévue au début du printemps prochain.
Mardi 22 août	lune descendante	13 h 11 / 23 h 01		17 h 48 ♎	➧ Taillez la lavande en réduisant un peu le feuillage. Cette taille ne doit être réalisée que sur du bois comportant encore du feuillage. Si vous taillez sur du bois sec, cela ne repoussera pas. Coupées, les fleurs de lavande pourront parfumer linge, armoires et penderies. ➧ Taillez les rosiers non remontants de variétés anciennes, en réduisant d'un bon tiers les rameaux défleuris. ➧ Poursuivez la plantation des bulbes à floraison automnale : crocus, cyclamen, colchique…
Mercredi 23 août	lune descendante	14 h 25 / 23 h 22			
Jeudi 24 août	PQ à 11 h 57 — lune descendante	15 h 43 / 23 h 51		10 h 09 ♏	➧ Si vous envisagez de semer une nouvelle pelouse, c'est le moment de préparer le sol : bêchez, affinez la terre et aplanissez. Laissez germer les mauvaises herbes à éliminer au début septembre, juste avant d'effectuer les semis de gazon. ➧ Taillez les troènes, les fusains et les autres arbustes persistants. Taillez aussi les topiaires de buis et d'if. Vous pouvez en profiter pour faire des boutures de ces persistants. ➧ C'est à cette période que le débroussaillage est le plus efficace pour éviter la propagation des ronces et des épines noires.
Vendredi 25 août	lune descendante	17 h 00 / –			
Samedi 26 août	lune descendante jusqu'à 22 h 18, puis l. montante	18 h 11 / 0 h 31		9 h 32 ♐	➧ En lune descendante, effeuillez les pommiers et les poiriers pour que le soleil atteigne plus facilement les fruits. ➧ En lune montante, cueillez les poires d'été qui ont viré au jaune. Pour hâter le mûrissement des poires vertes, placez-les dans un endroit sombre à l'abri des courants d'air. Surveillez ce mûrissement de très près car les poires blettissent très vite.
Dimanche 27 août	l. montante	19 h 09 / 1 h 28			

Ne pas oublier : c'est le bon moment pour rempoter vos plantes d'intérieur.

Date	Notes :	Météo :
Lundi 21 août St Christophe		Pluie : ...... mm Cumul : ...... mm °C mini : .... °C maxi : .... Pression : .... hPa Temps : ....
Mardi 22 août St Fabrice		Pluie : ...... mm Cumul : ...... mm °C mini : .... °C maxi : .... Pression : .... hPa Temps : ....
Mercredi 23 août Ste Rose de Lima		Pluie : ...... mm Cumul : ...... mm °C mini : .... °C maxi : .... Pression : .... hPa Temps : ....
Jeudi 24 août St Barthélemy		Pluie : ...... mm Cumul : ...... mm °C mini : .... °C maxi : .... Pression : .... hPa Temps : ....
Vendredi 25 août St Louis		Pluie : ...... mm Cumul : ...... mm °C mini : .... °C maxi : .... Pression : .... hPa Temps : ....
Samedi 26 août Ste Natacha		Pluie : ...... mm Cumul : ...... mm °C mini : .... °C maxi : .... Pression : .... hPa Temps : ....
Dimanche 27 août Ste Monique		Pluie : ...... mm Cumul : ...... mm °C mini : .... °C maxi : .... Pression : .... hPa Temps : ....

« Quand il pleut au mois d'août, les truffes sont au bout. »

♈ Bélier ♉ Taureau ♊ Gémeaux ♋ Cancer ♌ Lion ♍ Vierge ♎ Balance ♏ Scorpion ♐ Sagittaire ♑ Capricorne ♒ Verseau ♓ Poissons

Date	Lune	Lever coucher	Zodiaque
Lundi 28 août	▲	19 h 53 / 2 h 41	♐ · 14 h 50 · ♑
Mardi 29 août	▲	20 h 25 / 4 h 08	♑
Mercredi 30 août	▲ P à 17 h 54	20 h 49 / 5 h 40	10 h 01 · ♒
Jeudi 31 août	▲ ○ à 3 h 35	21 h 09 / 7 h 11	♒
Vendredi 1er septembre	▼	21 h 27 / 8 h 38	11 h 36 · ♓
Samedi 2 septembre	▼	21 h 43 / 10 h 04	♓
Dimanche 3 septembre	▼ NA à 9 h 43	22 h 01 / 11 h 28	15 h 31 · ♈

lune montante

Travaux au jardin

- Greffez en écusson les pommiers, les poiriers, les pruniers et les cerisiers. Cette greffe est la plus utilisée en juillet et en août.
- Dans les régions qui bénéficient d'un climat doux, semez les oignons blancs 'de Vaugirard', 'Hâtif de Paris', 'Printanier parisien'. Vous pouvez aussi semer les oignons jaunes 'Paille des vertus' et 'Espagnol'. Il est encore possible de semer les oignons rouges 'de Florence', 'de Brunswick', 'Pâle de Niort'. Vous les sèmerez en pépinière, en rangs espacés de 20 à 30 cm. Vous éclaircirez les jeunes plants tous les 5 cm.
- N'oubliez pas de désherber et de bêcher autour des arbres fruitiers.

⚠ Mercredi, ne jardinez pas après 13 h 30.

- Semez de la valériane. La plante supporte bien les sols pauvres, secs et caillouteux. Elle se plaît sur un muret de pierres sèches, dans une rocaille ou sur un talus sec difficile d'accès. Une fois installée, vous pourrez l'oublier : la plante ne nécessite aucun entretien et pas plus d'arrosage. Après la première floraison, il faut rabattre les tiges de moitié pour encourager une remontée. La valériane se ressème facilement toute seule au point qu'elle peut parfois devenir envahissante.

- C'est le moment de semer le gazon. Débarrassez le sol de tous les éléments indésirables : racines, cailloux, pierres, herbes… Labourez sur 20 à 30 cm. Brisez les mottes, griffez et ratissez pour obtenir une surface plane et homogène. En vous aidant d'un rouleau lourd, tassez le sol afin que les graines ne s'enfoncent pas trop profondément. Semez le mélange de graines choisi. Ratissez afin d'enfouir légèrement les graines, puis tassez une nouvelle fois. Arrosez ensuite en une pluie très fine. Environ un mois plus tard, roulez à nouveau pour améliorer l'enracinement.

⚠ Dimanche, ne jardinez pas avant 14 h 45.

Ne pas oublier : arrosez vos plantes de balcon et vos suspensions.

Date	Notes :	Météo :
Lundi 28 août St Augustin		Pluie : ...... mm Cumul : ...... mm °C mini : .... °C maxi : .... Pression : .... hPa Temps : ....
Mardi 29 août Ste Sabine		Pluie : ...... mm Cumul : ...... mm °C mini : .... °C maxi : .... Pression : .... hPa Temps : ....
Mercredi 30 août St Fiacre		Pluie : ...... mm Cumul : ...... mm °C mini : .... °C maxi : .... Pression : .... hPa Temps : ....
Jeudi 31 août St Aristide		Pluie : ...... mm Cumul : ...... mm °C mini : .... °C maxi : .... Pression : .... hPa Temps : ....
Vendredi 1er septembre St Gilles		Pluie : ...... mm Cumul : ...... mm °C mini : .... °C maxi : .... Pression : .... hPa Temps : ....
Samedi 2 septembre Ste Ingrid		Pluie : ...... mm Cumul : ...... mm °C mini : .... °C maxi : .... Pression : .... hPa Temps : ....
Dimanche 3 septembre St Grégoire		Pluie : ...... mm Cumul : ...... mm °C mini : .... °C maxi : .... Pression : .... hPa Temps : ....

« Temps trop beau en août annonce hiver en courroux. »

♈ Bélier ♉ Taureau ♊ Gémeaux ♋ Cancer ♌ Lion ♍ Vierge ♎ Balance ♏ Scorpion ♐ Sagittaire ♑ Capricorne ♒ Verseau ♓ Poissons

Date	Lune	Lever coucher	Jour	Zodiaque	Travaux au jardin
Lundi 4 septembre	Lune montante	22 h 21 12 h 50		♈	Coupez les feuilles proches des grappes de raisin afin de favoriser leur maturité. Récoltez les pommes et les poires d'automne qui, malheureusement, se conservent peu. Cueillez maintenant les fraises et les framboises. Bouturez les géraniums et les fuchsias. Mettez tous les débris végétaux sains au compost.
Mardi 5 septembre		22 h 46 14 h 10		14 h 09 ♉	Semez des radis de tous les mois, de même que les derniers radis d'hiver, en espaçant les rangs de 20 à 30 cm. Après la levée, vous ne conserverez qu'un seul plant tous les 10 à 15cm. Dans les régions qui bénéficient d'un climat doux, semez des navets, en lignes espacées d'une vingtaine de centimètres. Maintenez le sol humide jusqu'à la levée. Vous les récolterez dans le courant de l'automne. Choisissez des variétés qui résistent bien au froid : 'Jaune boule d'or', 'de Bency', 'Blanc dur d'hiver'. En lignes espacées d'une vingtaine de centimètres, semez les poireaux « baguettes » en veillant à bien disperser les graines. Après la levée, éclaircissez en conservant un plant tous les 5 cm. Ils se récolteront au mois de mai. Choisissez de préférence une variété rustique telle que 'bleu de Solaize'.
Mercredi 6 septembre		23 h 19 15 h 27			
Jeudi 7 septembre	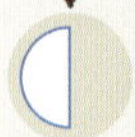 à 0 h 21	24 h 00 16 h 36			
Vendredi 8 septembre	15h13 Lune descendante	– 17 h 35			
Samedi 9 septembre		0 h 52 18 h 20		0 h 56 ♊	Taillez légèrement la lavande. La lavande est aussi très utile pour ceux qui privilégient des méthodes thérapeutiques douces. Repiquez des pensées et des pâquerettes en bordure de vos massifs à fleurs. Il est temps d'installer les vivaces vendues en godets ou de repiquer celles que vous aviez semées au mois de juillet dernier.
Dimanche 10 septembre		1 h 53 18 h 55		13 h 12 ♋	Bouturez les arbustes à feuillage persistant (laurier palme, berbéris aucuba…).

Ne pas oublier : choisissez dès maintenant vos bulbes d'automne.

Date	Notes :	Météo :
Lundi 4 septembre Ste Rosalie		Pluie : ...... mm Cumul : ...... mm °C mini : .... °C maxi : .... Pression : .... hPa Temps : ....
Mardi 5 septembre Ste Raïssa		Pluie : ...... mm Cumul : ...... mm °C mini : .... °C maxi : .... Pression : .... hPa Temps : ....
Mercredi 6 septembre St Bertrand		Pluie : ...... mm Cumul : ...... mm °C mini : .... °C maxi : .... Pression : .... hPa Temps : ....
Jeudi 7 septembre Ste Reine		Pluie : ...... mm Cumul : ...... mm °C mini : .... °C maxi : .... Pression : .... hPa Temps : ....
Vendredi 8 septembre St Adrien		Pluie : ...... mm Cumul : ...... mm °C mini : .... °C maxi : .... Pression : .... hPa Temps : ....
Samedi 9 septembre St Alain		Pluie : ...... mm Cumul : ...... mm °C mini : .... °C maxi : .... Pression : .... hPa Temps : ....
Dimanche 10 septembre Ste Inès		Pluie : ...... mm Cumul : ...... mm °C mini : .... °C maxi : .... Pression : .... hPa Temps : ....

« Septembre se nomme le mai de l'automne. »

♈ Bélier ♉ Taureau ♊ Gémeaux ♋ Cancer ♌ Lion ♍ Vierge ♎ Balance ♏ Scorpion ♐ Sagittaire ♑ Capricorne ♒ Verseau ♓ Poissons

Date	Lune	Lever / coucher	Zodiaque
Lundi 11 septembre	Lune descendante	3 h 00 – 19 h 21	♋
Mardi 12 septembre	Lune descendante; A à 17 h 42	4 h 10 – 19 h 42	4 h 39 ♌
Mercredi 13 septembre	Lune descendante	5 h 19 – 19 h 58	♌
Jeudi 14 septembre	Lune descendante	6 h 27 – 20 h 12	♌
Vendredi 15 septembre	Lune descendante; pleine lune à 3 h 39	7 h 35 – 20 h 25	5 h 41 ♍
Samedi 16 septembre	Lune descendante	8 h 43 – 20 h 38	♍
Dimanche 17 septembre	Lune descendante; ND à 21 h 17	9 h 51 – 20 h 51	♍

Travaux au jardin

- Taillez les haies d'arbustes persistants, les bordures de buis ainsi que les topiaires. Après un éventuel broyage, vous pouvez vous en servir pour pailler des allées : ce mulch se décompose très lentement et possède des vertus herbicides.

Mardi, ne jardinez plus après 12 h 40.

- Installez les petits fruits vendus en conteneur : groseilliers, framboisiers, cassissiers… Dépotez et laissez la motte dans l'eau pendant au moins une trentaine de minutes afin qu'elle s'humidifie correctement. Creusez un trou un peu plus large que la motte : cela facilitera la progression des racines. Tassez légèrement et arrosez.
- Rajeunissez les arbustes à petits fruits qui ont tendance à vieillir rapidement en aérant le centre des touffes.
- Récoltez les pommes et les poires précoces qui blettissent vite. Vous les laisserez prendre couleur à la maison, dans un lieu plutôt sombre.
- Après les dernières récoltes, taillez les abricotiers et les pêchers. Coupez-les près de leur base, au-dessus des deux rameaux de remplacement qui fructifieront l'année prochaine.

- Repiquez des oignons blancs assez développés. Laissez grossir les autres. Rajeunissez le feuillage et les radicelles. Installez-les sur une planche bien exposée et surélevée pour éviter la pourriture due à l'humidité. Ne les arrosez pas.
- Selon vos besoins, arrachez les carottes, les betteraves, les céleris raves, les navets et les radis d'automne. Consommez-les rapidement pour profiter pleinement de leurs vitamines.
- Récoltez les betteraves, les poireaux, les carottes, les navets et les panais. Pour les conserver durant l'hiver, arrachez les racines et laissez ressuyer pendant une journée au potager. Coupez les fanes et conservez les racines en cave ou en silo dans du sable sec.

Dimanche, ne jardinez plus après 16 h 15.

Ne pas oublier : rempotez vos plantes d'intérieur.

Date	Notes :	Météo :
Lundi 11 septembre St Adelphe		Pluie : ...... mm Cumul : ...... mm °C mini : .... °C maxi : .... Pression : .... hPa Temps : ....
Mardi 12 septembre St Apollinaire		Pluie : ...... mm Cumul : ...... mm °C mini : .... °C maxi : .... Pression : .... hPa Temps : ....
Mercredi 13 septembre St Aimé		Pluie : ...... mm Cumul : ...... mm °C mini : .... °C maxi : .... Pression : .... hPa Temps : ....
Jeudi 14 septembre St Materne		Pluie : ...... mm Cumul : ...... mm °C mini : .... °C maxi : .... Pression : .... hPa Temps : ....
Vendredi 15 septembre St Roland		Pluie : ...... mm Cumul : ...... mm °C mini : .... °C maxi : .... Pression : .... hPa Temps : ....
Samedi 16 septembre Ste Edith		Pluie : ...... mm Cumul : ...... mm °C mini : .... °C maxi : .... Pression : .... hPa Temps : ....
Dimanche 17 septembre St Renaud		Pluie : ...... mm Cumul : ...... mm °C mini : .... °C maxi : .... Pression : .... hPa Temps : ....

« Septembre nous produit le plus délectable des fruits. »

♈ Bélier ♉ Taureau ♊ Gémeaux ♋ Cancer ♌ Lion ♍ Vierge ♎ Balance ♏ Scorpion ♐ Sagittaire ♑ Capricorne ♒ Verseau ♓ Poissons

Date	Lune	Lever / coucher	Jour	Zodiaque	Travaux au jardin
Lundi 18 septembre	Lune descendante	11 h 02 / 21 h 07		♍ (jusqu'à 23 h 31)	Pour rénover les parties abîmées de la pelouse, apportez-leur de la tourbe ou du fumier. Semez, roulez et arrosez. Une pelouse étant un investissement à long terme, privilégiez la qualité des semences.
Mardi 19 septembre	Lune descendante	12 h 15 / 21 h 26		♎ (23 h 31 – 16 h 12)	Commencez la plantation des bulbes à floraison printanière, comme les narcisses, les perce-neige et les crocus d'hiver. Pour ces derniers comme pour les perce-neige, plantez-en plusieurs dizaines pour obtenir un effet de masse naturel. Plantez des bleuets en bordure de votre potager : ils attireront efficacement les insectes auxiliaires.
Mercredi 20 septembre	Lune descendante	13 h 32 / 21 h 52		16 h 12 ♏	Arrachez les ronces et les pruneliers. Éliminez les drageons et les gourmands des arbres fruitiers en grattant le sol avant de couper bien à ras. Taillez les aromates (thym, sauge, menthe…) et divisez les vieilles touffes. Vous pouvez commencer la plantation des conifères et celle des arbustes de terre de bruyère. Bouturez des persistants en situation abritée, de préférence dans des pots individuels de manière à pouvoir les protéger des gelées hivernales.
Jeudi 21 septembre	Lune descendante	14 h 48 / 22 h 26		♏	
Vendredi 22 septembre	Lune descendante ; premier quartier à 21 h 31	16 h 00 / 23 h 15		16 h 37 ♐	En lune descendante, essayez des boutures de framboisiers. Arrachez un pied en veillant à conserver les racines et un maximum de chevelu. Faites-en des tronçons de 10 cm de long à planter en sol léger et au chaud, en arrosant régulièrement. Vous pourrez les replanter au cours du prochain printemps. En lune montante, récoltez les pommes et les poires d'automne qui se conservent peu. Récoltez les potirons avant qu'ils ne soient atteints de tavelure (caractérisée par des taches brunes). Laissez-les finir de mûrir au frais dans un endroit un peu sombre.
Samedi 23 septembre Équinoxe	5 h 35 : lune montante	17 h 01 / –		♐	
Dimanche 24 septembre	Lune montante	17 h 49 / 0 h 20		♐ (jusqu'à 23 h 42)	

Ne pas oublier : septembre est le mois idéal pour les binages à faire de préférence après une légère pluie ou un arrosage.

Date	Notes :	Météo :
Lundi 18 septembre Ste Nadège		Pluie : mm Cumul : mm °C mini : °C maxi : Pression : hPa Temps :
Mardi 19 septembre Ste Emilie		Pluie : mm Cumul : mm °C mini : °C maxi : Pression : hPa Temps :
Mercredi 20 septembre St Davy		Pluie : mm Cumul : mm °C mini : °C maxi : Pression : hPa Temps :
Jeudi 21 septembre St Matthieu		Pluie : mm Cumul : mm °C mini : °C maxi : Pression : hPa Temps :
Vendredi 22 septembre St Maurice		Pluie : mm Cumul : mm °C mini : °C maxi : Pression : hPa Temps :
Samedi 23 septembre Automne		Pluie : mm Cumul : mm °C mini : °C maxi : Pression : hPa Temps :
Dimanche 24 septembre Ste Thècle		Pluie : mm Cumul : mm °C mini : °C maxi : Pression : hPa Temps :

« Automne en fleurs, hiver plein de rigueur. »

♈ Bélier ♉ Taureau ♊ Gémeaux ♋ Cancer ♌ Lion ♍ Vierge ♎ Balance ♏ Scorpion ♐ Sagittaire ♑ Capricorne ♒ Verseau ♓ Poissons

Date	Lune	Lever / coucher	Jour	Zodiaque	Travaux au jardin
Lundi 25 septembre	▲ lune montante	18 h 24 / 1 h 40		♑	Semez des poireaux « baguette » en rangs espacés d'une vingtaine de centimètres et en veillant à bien disperser les graines. Après la levée, éclaircissez à 5 cm. Les poireaux « baguette », également connus sous le nom de « poireaux de printemps », ne se repiquent pas. La récolte est prévue au mois de mai prochain. Attention à leurs principaux ravageurs : la mineuse et le ver du poireau.
Mardi 26 septembre	▲	18 h 50 / 3 h 07		20 h 13	
Mercredi 27 septembre	▲	19 h 11 / 4 h 36		♒	Pratiquez l'écussonnage des églantiers afin de multiplier vos rosiers. Nettoyez la zone à greffer en supprimant les feuilles et les épines. Faites une incision en forme de T dans le porte-greffe. Prélevez un rameau de la variété à multiplier sur une pousse de l'année. Sur ce rameau, à l'aisselle des feuilles, découpez l'écusson autour du bourgeon. Décollez délicatement le bois de l'écussion. Insérez cet écusson dans l'incision en T du porte-greffe.
Jeudi 28 septembre	▲ P à 2 h 58	19 h 29 / 6 h 05		22 h 26	⚠ **Jeudi, ne jardinez avant 8 h 00.**
Vendredi 29 septembre	▲ ○ à 11 h 57	19 h 46 / 7 h 31		♓	C'est le bon moment pour effectuer vos semis de gazon. Aplanissez la surface à ensemencer et roulez-la. Semez les graines de gazon à la volée en deux passages croisés. Couvrez de terreau, puis roulez une nouvelle fois. Arrosez en pluie fine de manière à ne pas déplacer les graines et, sauf en cas de pluie, arrosez souvent pendant trois à quatre semaines. L'installation d'une pelouse en fin d'été et en début d'automne est souvent préférable à un semis de printemps : elle a le temps de s'installer sans être piétinée avec un minimum d'arrosages.
Samedi 30 septembre	▼ NA à 18 h 48	20 h 03 / 8 h 57		1 h 55	⚠ **Samedi, ne jardinez plus après 13 h 45.**
Dimanche 1er octobre	▼	20 h 22 / 10 h 21		♈	Récoltez les fruits qui sont maintenant arrivés à complète maturité : pommes, poires, prunes, fraises et framboises. Transformez le surplus pour en faire confitures, coulis ou conserves.

Ne pas oublier : binez les allées pour éliminer les mauvaises herbes.

Date	Notes :	Météo :
Lundi 25 septembre St Hermann		Pluie : ...... mm Cumul : ...... mm °C mini : .... °C maxi : .... Pression : .... hPa Temps : ....
Mardi 26 septembre Sts Côme, Damien		Pluie : ...... mm Cumul : ...... mm °C mini : .... °C maxi : .... Pression : .... hPa Temps : ....
Mercredi 27 septembre St Vincent de Paul		Pluie : ...... mm Cumul : ...... mm °C mini : .... °C maxi : .... Pression : .... hPa Temps : ....
Jeudi 28 septembre St Venceslas		Pluie : ...... mm Cumul : ...... mm °C mini : .... °C maxi : .... Pression : .... hPa Temps : ....
Vendredi 29 septembre St Michel		Pluie : ...... mm Cumul : ...... mm °C mini : .... °C maxi : .... Pression : .... hPa Temps : ....
Samedi 30 septembre St Jérôme		Pluie : ...... mm Cumul : ...... mm °C mini : .... °C maxi : .... Pression : .... hPa Temps : ....
Dimanche 1er octobre Ste Th. de l'E.-J.		Pluie : ...... mm Cumul : ...... mm °C mini : .... °C maxi : .... Pression : .... hPa Temps : ....

« L'hirondelle en septembre abandonne le ciel refroidi de l'automne. »

♈ Bélier ♉ Taureau ♊ Gémeaux ♋ Cancer ♌ Lion ♍ Vierge ♎ Balance ♏ Scorpion ♐ Sagittaire ♑ Capricorne ♒ Verseau ♓ Poissons

Date	Lune	Lever coucher	Jour	Zodiaque	Travaux au jardin
Lundi 2 octobre	lune montante	20 h 45 / 11 h 46		♈ – 23 h 23	Récoltez les fruits qui sont maintenant arrivés à complète maturité. Transformez le surplus pour en faire confitures, coulis ou conserves.
Mardi 3 octobre	lune montante	21 h 15 / 13 h 07		♉	Tamisez le compost ancien et utilisez-le dans vos massifs ainsi qu'au potager. Semez des radis de tous les mois 'Mirabeau', 'de Dix-huit jours', 'Flamboyant 5', 'Gaudry 2', 'National 2'. Arrosez le sillon de manière à faciliter la germination, semez directement en place à la volée ou sur des lignes espacées d'environ 25 cm. Les graines doivent être recouvertes de 1 à 2 cm de terre. Arrosez régulièrement. Semez des poireaux « baguette » en veillant à bien disperser les graines. Éclaircissez à 5 cm. Les poireaux « baguette » ne se repiquent pas et seront récoltés dans le courant du mois de mai prochain. Ils sont aussi appelés « poireaux de printemps ». Attention toutefois à leurs principaux ravageurs : la mineuse et le ver du poireau qui peuvent causer de véritables désastres dans les cultures.
Mercredi 4 octobre	lune montante	21 h 53 / 14 h 22		♉	
Jeudi 5 octobre	lune montante – 22 h 29	22 h 42 / 15 h 27		♉	
Vendredi 6 octobre	lune descendante ◐ à 15 h 47	23 h 42 / 16 h 18		8 h 09 – ♊	Plantez les bulbes de printemps : tulipes, jacinthes, lis… Enterrez les bulbes à une profondeur équivalente à 2 ou 3 fois la taille des oignons. Privilégiez les bulbes de gros calibre et plantez-les toujours en nombre impair. Plantez aussi les bisannuelles semées en juin et juillet derniers. Enrichissez le sol à l'aide de compost et plantez en quinconce. Installez les vivaces vendues en godets.
Samedi 7 octobre	lune descendante	– / 16 h 57		♊ – 20 h 00	
Dimanche 8 octobre	lune descendante	0 h 48 / 17 h 26		♋	Bouturez les arbustes à feuillage persistant. Placez les boutures sous châssis et protégez-les avec des paillassons en hiver. Les arbustes à feuillage persistant sont une bonne solution pour délimiter son jardin et se protéger du regard indiscret des voisins.

Ne pas oublier : réduisez les arrosages et les doses d'engrais de vos plantes d'intérieur dont la croissance commence à ralentir.

Date	Notes :	Météo :
Lundi 2 octobre St Léger		Pluie : ... mm Cumul : ... mm °C mini : ... °C maxi : ... Pression : ... hPa Temps : ...
Mardi 3 octobre St Gérard		Pluie : ... mm Cumul : ... mm °C mini : ... °C maxi : ... Pression : ... hPa Temps : ...
Mercredi 4 octobre S^t^ Fr. d'Assise		Pluie : ... mm Cumul : ... mm °C mini : ... °C maxi : ... Pression : ... hPa Temps : ...
Jeudi 5 octobre Ste Fleur		Pluie : ... mm Cumul : ... mm °C mini : ... °C maxi : ... Pression : ... hPa Temps : ...
Vendredi 6 octobre St Bruno		Pluie : ... mm Cumul : ... mm °C mini : ... °C maxi : ... Pression : ... hPa Temps : ...
Samedi 7 octobre St Serge		Pluie : ... mm Cumul : ... mm °C mini : ... °C maxi : ... Pression : ... hPa Temps : ...
Dimanche 8 octobre Ste Pélagie		Pluie : ... mm Cumul : ... mm °C mini : ... °C maxi : ... Pression : ... hPa Temps : ...

« Octobre en brumes, mois à rhumes. »

♈ Bélier ♉ Taureau ♊ Gémeaux ♋ Cancer ♌ Lion ♍ Vierge ♎ Balance ♏ Scorpion ♐ Sagittaire ♑ Capricorne ♒ Verseau ♓ Poissons

Date	Lune	Lever / coucher	Zodiaque
Lundi 9 octobre	Lune descendante	1 h 57 / 17 h 48	♋ — 11 h 19 — ♌
Mardi 10 octobre	A à 5 h 41	3 h 07 / 18 h 05	♌
Mercredi 11 octobre		4 h 16 / 18 h 20	♌
Jeudi 12 octobre		5 h 24 / 18 h 33	♌ — 12 h 20 — ♍
Vendredi 13 octobre		6 h 31 / 18 h 46	♍
Samedi 14 octobre	à 19 h 55	7 h 40 / 18 h 59	♍
Dimanche 15 octobre	ND à 3 h 11	8 h 51 / 19 h 14	♍

Travaux au jardin

- Plantez les conifères et les arbustes résistants achetés en conteneurs.

- Ouvrez les trous de plantation des arbres fruitiers à installer en novembre et décembre.

⚠ Mardi, ne jardinez pas avant 10 h 45.

- Plantez les petits fruits vendus en conteneurs, en espaçant les pieds d'environ un mètre.
- Vous pouvez tailler vos arbustes à petits fruits, y compris les framboisiers remontants ; les non-remontants sont coupés à ras.
- Rentrez vos potirons et courges. Laissez un pédoncule, nettoyez-les et placez-les plutôt au chaud. Ils se conserveront plus longtemps dans une atmosphère tempérée.
- Essayez des boutures de framboisiers. Arrachez un pied en veillant à conserver les racines et un maximum de chevelu. Faites-en des tronçons d'une dizaine de centimètres de long. Vous pourrez les replanter au cours du printemps prochain.

- Pour rénover les parties abîmées de la pelouse, apportez-leur de la tourbe ou du fumier. Semez, roulez et arrosez.
- Arrachez les endives en veillant à ne pas abîmer les racines. Laissez-les sécher sur le sol pendant une quinzaine de jours environ en les protégeant du soleil et du gel avec des fougères ou des feuilles. Vous enlèverez ensuite la terre à la main et taillerez les racines en coupant le feuillage un peu au-dessus du collet. Stockez-les à l'abri de la lumière. Il est aussi possible de les laisser en terre en les recouvrant d'une bonne couche de terre ou de terreau complétée par une couverture de paille ou de feuilles mortes.

⚠ Dimanche, ne jardinez pas avant 8 h 15.

- Protégez les légumes qui craignent le froid. Vous avez encore du temps pour les récolter et les stocker.
- Bouturez les racines charnues et plantez les fleurs à terre de bruyère.

Ne pas oublier : aérez la pelouse avec les dents d'une fourche ou un scarificateur.

Date	Notes :	Météo :
Lundi 9 octobre St Denis		Pluie : ...... mm Cumul : ...... mm °C mini : .... °C maxi : .... Pression : .... hPa Temps : ....
Mardi 10 octobre St Ghislain		Pluie : ...... mm Cumul : ...... mm °C mini : .... °C maxi : .... Pression : .... hPa Temps : ....
Mercredi 11 octobre St Firmin		Pluie : ...... mm Cumul : ...... mm °C mini : .... °C maxi : .... Pression : .... hPa Temps : ....
Jeudi 12 octobre St Wilfried		Pluie : ...... mm Cumul : ...... mm °C mini : .... °C maxi : .... Pression : .... hPa Temps : ....
Vendredi 13 octobre St Géraud		Pluie : ...... mm Cumul : ...... mm °C mini : .... °C maxi : .... Pression : .... hPa Temps : ....
Samedi 14 octobre St Juste		Pluie : ...... mm Cumul : ...... mm °C mini : .... °C maxi : .... Pression : .... hPa Temps : ....
Dimanche 15 octobre Ste Th. d'Avila		Pluie : ...... mm Cumul : ...... mm °C mini : .... °C maxi : .... Pression : .... hPa Temps : ....

« S'il neige en octobre, l'hiver sera sobre. »

♈ Bélier ♉ Taureau ♊ Gémeaux ♋ Cancer ♌ Lion ♍ Vierge ♎ Balance ♏ Scorpion ♐ Sagittaire ♑ Capricorne ♒ Verseau ♓ Poissons

Date	Lune	Lever coucher	Jour	Zodiaque	Travaux au jardin
Lundi 16 octobre	lune descendante	10 h 04 – 19 h 32		5 h 27 ♎	Divisez les vivaces rustiques telles que les géraniums (les vrais géraniums, pas les pélargoniums !). Ce sont des plantes vivaces qui restent en place de saison en saison, rustiques et faciles à vivre. Plantez les lis, les tulipes et les jacinthes en place. Plantez les vivaces et les bisannuelles pour renouveler les massifs fleuris.
Mardi 17 octobre	lune descendante	11 h 21 – 19 h 55		21 h 43 ♏	Plantez les conifères et les arbustes persistants achetés en conteneurs. Ils pourront commencer à s'enraciner avant l'arrivée des grands froids. À la bêche, ouvrez un trou deux à trois fois plus grand que le pot, ajoutez du compost : la motte doit affleurer. Humidifiez cette motte, enlevez la terre qui entoure les racines et placez la motte au centre du trou en étalant les racines en tous sens. Refermez le trou, tassez au fur et à mesure à la main, réalisez une cuvette d'arrosage et remplissez-la d'eau pour que celle-ci puisse s'infiltrer en douceur.
Mercredi 18 octobre	lune descendante	12 h 38 – 20 h 27			
Jeudi 19 octobre	lune descendante	13 h 52 – 21 h 11		22 h 09 ♐	En lune descendante et dans le Midi, il est encore temps de planter des fraisiers pour obtenir une pleine récolte l'an prochain. Toujours en lune descendante, protégez les courges et les potirons de l'humidité. Accélérez leur maturation en déposant une pierre plate sous chaque fruit. En lune montante, semez à la volée de l'engrais vert sur les parcelles inutilisées lors de l'hiver prochain. Vous pouvez utiliser un mélange d'épinards et de moutarde, ou un mélange de seigle et de vesce. Tassez afin d'enterrer légèrement les graines.
Vendredi 20 octobre	11 h 14 lune montante	14 h 56 – 22 h 10			
Samedi 21 octobre	lune montante	15 h 48 – 23 h 23			
Dimanche 22 octobre	lune montante ; premier quartier à 5 h 29	16 h 25 – –		6 h 14 ♑	Contrôlez tous les légumes qui sont stockés en silo.

Ne pas oublier : récoltez des fougères dans la nature. Elles font une excellente protection contre le gel et les limaces les détestent.

Date	Notes :	Météo :
Lundi 16 octobre Ste Edwige		Pluie : ... mm Cumul : ... mm °C mini : ... °C maxi : ... Pression : ... hPa Temps : ...
Mardi 17 octobre St Baudouin		Pluie : ... mm Cumul : ... mm °C mini : ... °C maxi : ... Pression : ... hPa Temps : ...
Mercredi 18 octobre St Luc		Pluie : ... mm Cumul : ... mm °C mini : ... °C maxi : ... Pression : ... hPa Temps : ...
Jeudi 19 octobre St René		Pluie : ... mm Cumul : ... mm °C mini : ... °C maxi : ... Pression : ... hPa Temps : ...
Vendredi 20 octobre Ste Adeline		Pluie : ... mm Cumul : ... mm °C mini : ... °C maxi : ... Pression : ... hPa Temps : ...
Samedi 21 octobre Ste Céline		Pluie : ... mm Cumul : ... mm °C mini : ... °C maxi : ... Pression : ... hPa Temps : ...
Dimanche 22 octobre Ste Elodie		Pluie : ... mm Cumul : ... mm °C mini : ... °C maxi : ... Pression : ... hPa Temps : ...

« Octobre emmitouflé annonce décembre ensoleillé. »

♈ Bélier ♉ Taureau ♊ Gémeaux ♋ Cancer ♌ Lion ♍ Vierge ♎ Balance ♏ Scorpion ♐ Sagittaire ♑ Capricorne ♒ Verseau ♓ Poissons

Date	Lune	Lever / coucher	Zodiaque
Lundi 23 octobre	lune montante	16 h 53 / 0 h 46	♑
Mardi 24 octobre	lune montante	17 h 15 / 2 h 12	4 h 13 ♒
Mercredi 25 octobre	lune montante	17 h 34 / 3 h 38	♒
Jeudi 26 octobre	lune montante; P à 5 h 01	17 h 50 / 5 h 02	8 h 07 ♓
Vendredi 27 octobre	lune montante	18 h 06 / 6 h 26	♓
Samedi 28 octobre	lune montante; NA à 5 h 13; pleine lune à 22 h 23	18 h 24 / 7 h 50	12 h 21 ♈
Dimanche 29 octobre	lune descendante	18 h 45 / 9 h 14	♈

Travaux au jardin

Lundi 23 – Mardi 24 (4 h 13) — ♑ jour racine

- Tamisez l'ancien compost et utilisez-le dans vos massifs ainsi qu'au jardin potager. L'utilisation d'un compost est vraiment facile : 20 kg de compost permettent généralement de couvrir 1,20 m de massif. Bien entendu, ces plantes ne doivent pas avoir subi le moindre traitement chimique.

Mardi 24 (4 h 13) – Jeudi 26 (8 h 07) — ♒ jour fleur

- Récoltez le safran. Il s'agit plus d'une activité passion ou d'une activité loisir que d'une véritable production : il ne vous faudra pas moins d'une centaine de fleurs pour obtenir un seul gramme de safran. Cette récolte est très délicate : à l'aide d'une paire de petits ciseaux effilés, cueillez les stigmates sans faire tomber la poudre qui les recouvre. Vous opérerez de préférence le matin, tout juste après l'ouverture de la fleur. Mettez votre précieuse récolte sur une feuille de papier, à disposer dans un local aéré pour que les stigmates sèchent rapidement.

Jeudi 26 (8 h 07) – Samedi 28 (12 h 21) — ♓ jour feuille

⚠ **Jeudi, ne jardinez pas avant 10 h 05.**

- Semez à la volée de l'engrais vert sur les parcelles inutilisées au cours de l'hiver. Vous pouvez utiliser un mélange de moutarde et d'épinard ou un mélange de seigle et de vesce. Tassez afin d'enterrer légèrement les graines. Vous couperez et enfouirez au printemps prochain.
- Récoltez vos verdures sans oublier de les protéger par un voile d'hivernage afin de prolonger les récoltes. Après les premières gelées, commencez la cueillette des choux de Bruxelles, en commençant par le bas.

⚠ **Samedi, ne jardinez pas avant 10 h 15.**

Samedi 28 (12 h 21) – Dimanche 29 — ♈ jour fruit

- Semez à la volée de l'engrais vert sur les parcelles inutilisées lors de l'hiver prochain. Vous pouvez utiliser un mélange d'épinards et de moutarde, ou un mélange de seigle et de vesce. Tassez afin d'enterrer légèrement les graines. Vous couperez et enfouirez lors du printemps prochain.
- Dans les régions bénéficiant d'un climat doux, semez des fèves et des pois à grains ronds.

Ne pas oublier : protégez les robinets de jardin contre le gel.

Date	Notes :	Météo :
Lundi 23 octobre S. J. de Capistran		Pluie : ..... mm Cumul : ..... mm °C mini : ..... °C maxi : ..... Pression : ..... hPa Temps : .....
Mardi 24 octobre St Florentin		Pluie : ..... mm Cumul : ..... mm °C mini : ..... °C maxi : ..... Pression : ..... hPa Temps : .....
Mercredi 25 octobre St Crépin		Pluie : ..... mm Cumul : ..... mm °C mini : ..... °C maxi : ..... Pression : ..... hPa Temps : .....
Jeudi 26 octobre St Dimitri		Pluie : ..... mm Cumul : ..... mm °C mini : ..... °C maxi : ..... Pression : ..... hPa Temps : .....
Vendredi 27 octobre Ste Emeline		Pluie : ..... mm Cumul : ..... mm °C mini : ..... °C maxi : ..... Pression : ..... hPa Temps : .....
Samedi 28 octobre Sts Simon, Jude		Pluie : ..... mm Cumul : ..... mm °C mini : ..... °C maxi : ..... Pression : ..... hPa Temps : .....
Dimanche 29 octobre St Narcisse		Pluie : ..... mm Cumul : ..... mm °C mini : ..... °C maxi : ..... Pression : ..... hPa Temps : .....

« À la Saint-Crépin, les mouches voient leur fin. »

♈ Bélier ♉ Taureau ♊ Gémeaux ♋ Cancer ♌ Lion ♍ Vierge ♎ Balance ♏ Scorpion ♐ Sagittaire ♑ Capricorne ♒ Verseau ♓ Poissons

Date	Lune	Lever coucher	Jour	Zodiaque	Travaux au jardin
Lundi 30 octobre	lune montante	18 h 11 9 h 39		♈ 8 h 34 ♉	Récoltez tous vos fruits avant que n'apparaissent les premières gelées. Contrôlez les légumes stockés en silo. Pour recycler une grande poubelle en silo, creusez un trou dans le sol pour enterrer la poubelle, tapissez ce trou de paille, enterrez la poubelle pour qu'elle dépasse le niveau du sol de 5 cm. Sur ces 5 cm, percez des trous d'aération. Stockez vos légumes en couches successives, isolées par de la paille. Refermez le couvercle de la poubelle.
Mardi 31 octobre	lune montante	18 h 46 10 h 59			Sous tunnel ou sous châssis, en terre bien affinée, semez des carottes demi-longues ('Boléro', 'Touchon' et 'Nanco'). Vous les récolterez en primeurs en avril ou en mai prochains.
Mercredi 1er novembre	lune montante	19 h 31 12 h 10			Toujours sous tunnel ou sous châssis, semez des radis de tous les mois ('Bamba', 'Gaudry 2'). Vous éclaircirez après la levée et récolterez dans trois à quatre semaines.
Jeudi 2 novembre	6h14 lune descendante	20 h 27 13 h 09		15 h 47 ♊	À l'approche des premières gelées, arrachez les glaïeuls, les bégonias, les dahlias et les cannas. Stockez les bulbes après les avoir laissé sécher à l'abri.
Vendredi 3 novembre	lune descendante	21 h 32 13 h 54			Plantez aussi les bulbes de printemps ainsi que les lis (à l'exception du lis de la Madone), en enterrant les oignons sur deux à trois fois leur hauteur. Bulbe par excellence : la tulipe. N'hésitez pas à choisir différentes variétés selon leur couleur, leur floraison et leur taille.
Samedi 4 novembre	lune descendante	22 h 41 14 h 27		3 h 02 ♋	Procédez à la dernière tonte de votre gazon, sans le tondre à ras afin de l'aider à passer l'hiver. Vous pouvez laisser les déchets de tonte en place en utilisant le dispositif à mulch ou en croisant vos passages.
Dimanche 5 novembre	à 9 h 36 lune descendante	23 h 52 14 h 52		18 h 01 ♌	Commencez la plantation des fruitiers.

Ne pas oublier : pour avoir du persil frais tout l'hiver, prélevez quelques touffes dans le carré d'herbes aromatiques et mettez-les en pot.

Date	Notes :	Météo :
Lundi 30 octobre St Bienvenu		Pluie : ...... mm Cumul : ...... mm °C mini : .... °C maxi : .... Pression : .... hPa Temps : ....
Mardi 31 octobre St Quentin		Pluie : ...... mm Cumul : ...... mm °C mini : .... °C maxi : .... Pression : .... hPa Temps : ....
Mercredi 1er novembre Toussaint		Pluie : ...... mm Cumul : ...... mm °C mini : .... °C maxi : .... Pression : .... hPa Temps : ....
Jeudi 2 novembre Défunts		Pluie : ...... mm Cumul : ...... mm °C mini : .... °C maxi : .... Pression : .... hPa Temps : ....
Vendredi 3 novembre St Hubert		Pluie : ...... mm Cumul : ...... mm °C mini : .... °C maxi : .... Pression : .... hPa Temps : ....
Samedi 4 novembre St Charles		Pluie : ...... mm Cumul : ...... mm °C mini : .... °C maxi : .... Pression : .... hPa Temps : ....
Dimanche 5 novembre Ste Sylvie		Pluie : ...... mm Cumul : ...... mm °C mini : .... °C maxi : .... Pression : .... hPa Temps : ....

« Gelée de novembre mange l'herbe tendre. »

♈ Bélier ♉ Taureau ♊ Gémeaux ♋ Cancer ♌ Lion ♍ Vierge ♎ Balance ♏ Scorpion ♐ Sagittaire ♑ Capricorne ♒ Verseau ♓ Poissons

Date	Lune	Lever / coucher	Jour	Zodiaque
Lundi 6 novembre	A à 22 h 48 — lune descendante	– / 15 h 11		♌
Mardi 7 novembre	lune descendante	1 h 01 / 15 h 27		♌
Mercredi 8 novembre	lune descendante	2 h 09 / 15 h 40		♌ 19 h 05 ♍
Jeudi 9 novembre	lune descendante	3 h 17 / 15 h 53		♍
Vendredi 10 novembre	lune descendante	4 h 25 / 16 h 06		♍
Samedi 11 novembre	ND à 9 h 48 — lune descendante	5 h 35 / 16 h 20		♍
Dimanche 12 novembre	lune descendante	6 h 48 / 16 h 37		♍ 11 h 51 ♎

Travaux au jardin

⚠ Lundi, ne jardinez plus après 17 h 45.

- Vous pouvez commencer la plantation des fruitiers dès maintenant pour une reprise optimale. Préparez les trous de plantation : à la terre extraite, mélangez du terreau ou du compost, ameublissez le fond à la fourche-bêche, incorporez éventuellement de la corne broyée. Si vous n'avez pas encore acheté vos fruitiers, rebouchez, car cela permettra à la terre de se tasser. Les trous de plantation doivent avoir une cinquantaine de centimètres, aussi bien en largeur qu'en profondeur. Vous pouvez d'ores et déjà installer les tuteurs.
- Si le temps est doux et sec, traitez les fruitiers contre la moniliose avec de la bouillie bordelaise.

- Dans le Midi, plantez de l'ail, de préférence blanc ('Blanc de la Drôme') ou violet ('Violet de Cadours'). Réservez l'ail rose aux plantations de fin d'hiver. Plantez aussi de l'échalote grise en terre anciennement fumée, ameublie, légère et bien drainée. Espacez les rangs de 25 cm et les plants de 15 cm sur la ligne. Ne les enfoncez pas à plus de 2 cm, pointes en l'air. N'arrosez pas après la plantation. La récolte s'effectuera vers mai ou juin prochains.
- Arrachez les endives 'Witloof' à l'aide d'une fourche-bêche, en veillant à ne pas abîmer les racines. Laissez-les faner quelques jours sur le sol pour provoquer l'arrêt de la végétation, en les protégeant du gel et du soleil avec des feuilles ou des fougères. Enlevez ensuite la terre à la main, taillez les petites racines en coupant le feuillage légèrement au-dessus du collet.

⚠ Samedi, ne jardinez pas avant 14 h 50.

- Récoltez les légumes qui craignent le froid et mettez-les en silo. Protégez tous les autres.
- Plantez les oignons semés au début du mois de septembre.

- Terminez les plantations des vivaces et des arbustes à fleurs achetés en conteneurs.

Ne pas oublier : nettoyez et remettez en état les nichoirs prévus pour les oiseaux.

Date	Notes :	Météo :
Lundi 6 novembre Ste Bertille		Pluie : ...... mm Cumul : ...... mm °C mini : ...... °C maxi : ...... Pression : ...... hPa Temps : ......
Mardi 7 novembre Ste Carine		Pluie : ...... mm Cumul : ...... mm °C mini : ...... °C maxi : ...... Pression : ...... hPa Temps : ......
Mercredi 8 novembre St Geoffroy		Pluie : ...... mm Cumul : ...... mm °C mini : ...... °C maxi : ...... Pression : ...... hPa Temps : ......
Jeudi 9 novembre St Théodore		Pluie : ...... mm Cumul : ...... mm °C mini : ...... °C maxi : ...... Pression : ...... hPa Temps : ......
Vendredi 10 novembre St Léon		Pluie : ...... mm Cumul : ...... mm °C mini : ...... °C maxi : ...... Pression : ...... hPa Temps : ......
Samedi 11 novembre Armistice 1918		Pluie : ...... mm Cumul : ...... mm °C mini : ...... °C maxi : ...... Pression : ...... hPa Temps : ......
Dimanche 12 novembre St Christian		Pluie : ...... mm Cumul : ...... mm °C mini : ...... °C maxi : ...... Pression : ...... hPa Temps : ......

« Brouillard en novembre, l'hiver sera tendre. »

♈ Bélier ♉ Taureau ♊ Gémeaux ♋ Cancer ♌ Lion ♍ Vierge ♎ Balance ♏ Scorpion ♐ Sagittaire ♑ Capricorne ♒ Verseau ♓ Poissons

Date	Lune	Lever coucher	Jour	Zodiaque	Travaux au jardin
Lundi 13 novembre	à 10 h 27 (lune descendante)	8 h 04 16 h 59		♎	➲ Vous pouvez encore diviser vos touffes de fleurs vivaces et planter des bulbes. Bulbe par excellence : la tulipe. N'hésitez pas à choisir différentes variétés selon leur couleur, leur floraison et leur taille. ➲ Achevez d'arracher les glaïeuls, les dahlias, les cannas ainsi que les bégonias.
Mardi 14 novembre	lune descendante	9 h 23 17 h 28		3 h 29 ♏	➲ Plantez les grimpantes – vigne vierge et lierre – devant un support adéquat déjà mis en place : grillage, clôture, pergola, arche, treillage… ➲ Installez des haies de hêtres, de charmes, de troènes ou d'éléagnus. ➲ Procédez à la dernière tonte de votre gazon sans le tondre à ras afin de l'aider à passer l'hiver. Vous pouvez laisser les déchets de tonte en place en utilisant le dispositif à mulch ou en croisant vos passages.
Mercredi 15 novembre	lune descendante	10 h 40 18 h 08			
Jeudi 16 novembre	lune descendante jusqu'à 15 h 44, puis lune montante	11 h 50 19 h 03		3 h 00 ♐	➲ En lune descendante, poursuivez la plantation de vos fruitiers. ➲ En lune montante, récoltez les nèfles et les kakis dès qu'ils ont subi une gelée. Laissez-les finir de mûrir à la maison. Les kakis-pommes 'Fuyu' n'ont pas besoin de subir le gel pour être débarrassés de leur astringence, mais il faut impérativement les laisser mûrir. ➲ Par temps sec, badigeonnez les troncs des fruitiers à l'aide d'une bouillie d'argile. Ce badigeonnage sera à refaire en fin d'hiver.
Vendredi 17 novembre	lune montante	12 h 45 20 h 13			
Samedi 18 novembre	lune montante	13 h 28 21 h 34		10 h 37 ♑	➲ Contrôlez les légumes qui sont conservés dans vos silos : pommes de terre, carottes, betteraves, panais, navets… Éliminez ceux qui pourrissent avant qu'ils contaminent les autres. ➲ Contre un mur bien exposé, installez une bonne couche de compost inclinée pour mieux profiter du soleil. Recouvrez d'une vitre.
Dimanche 19 novembre	lune montante	13 h 58 22 h 58			

Ne pas oublier : mettez en place un voile d'hivernage sur toutes les salades.

Date	Notes :	Météo :
Lundi 13 novembre St Brice		Pluie : … mm Cumul : … mm °C mini : … °C maxi : … Pression : … hPa Temps : …
Mardi 14 novembre St Sidoine		Pluie : … mm Cumul : … mm °C mini : … °C maxi : … Pression : … hPa Temps : …
Mercredi 15 novembre St Albert		Pluie : … mm Cumul : … mm °C mini : … °C maxi : … Pression : … hPa Temps : …
Jeudi 16 novembre Ste Marguerite		Pluie : … mm Cumul : … mm °C mini : … °C maxi : … Pression : … hPa Temps : …
Vendredi 17 novembre Ste Elisabeth		Pluie : … mm Cumul : … mm °C mini : … °C maxi : … Pression : … hPa Temps : …
Samedi 18 novembre Ste Aude		Pluie : … mm Cumul : … mm °C mini : … °C maxi : … Pression : … hPa Temps : …
Dimanche 19 novembre St Tanguy		Pluie : … mm Cumul : … mm °C mini : … °C maxi : … Pression : … hPa Temps : …

« À la Saint-Brice, le temps sera celui du Jour de l'An. »

♈ Bélier ♉ Taureau ♊ Gémeaux ♋ Cancer ♌ Lion ♍ Vierge ♎ Balance ♏ Scorpion ♐ Sagittaire ♑ Capricorne ♒ Verseau ♓ Poissons

Date	Lune	Lever / coucher	Jour	Zodiaque	Travaux au jardin
Lundi 20 novembre	◐ à 11 h 49	14 h 21 / –		♑ 9 h 05 ♒	Dans les régions qui bénéficient d'un climat doux, taillez soigneusement les fleurs fanées des hortensias. Coupez au-dessus du premier bourgeon situé sous la fleur, profitez-en pour supprimer une ou deux branches âgées.
Mardi 21 novembre	P à 22 h 01	14 h 39 / 0 h 22			**Mardi, ne jardinez plus après 17 h 00.** À la maison, soignez les plantes à fleurs. Placez une couche de billes d'argile dans les soucoupes, versez de 2 à 3 cm d'eau et posez les pots dessus. L'air sera humidifié sans risquer de faire pourrir les racines.
Mercredi 22 novembre	Lune montante	14 h 56 / 1 h 45		14 h 02 ♓	Enfouissez l'engrais vert (moutarde, phacélie). Broyez-le s'il n'a pas été suffisamment blanchi par le gel. Laissez le seigle en place : vous le faucherez à la fin du mois de janvier ou au début du mois de février, en le laissant sur place pendant trois semaines avant de l'incorporer au sol.
Jeudi 23 novembre		15 h 11 / 3 h 06			À la maison, au chaud, en pot ou en terrine, semez des pépins d'oranges, de citrons ou de kumquats afin d'obtenir de jolies plantes vertes à l'allure exotique.
Vendredi 24 novembre	NA à 12 h 01	15 h 28 / 4 h 27		20 h 04 ♈	**Vendredi, ne jardinez pas entre 7 et 17 h.**
Samedi 25 novembre		15 h 47 / 5 h 49			Dans le Midi, récoltez les olives de table ainsi que les olives à huile. Amenez-les rapidement au moulin. En dehors des régions méditerranéennes, l'olivier peut être installé, moyennant certaines précautions, dans d'autres zones. Dans les régions bénéficiant d'un climat doux, semez des fèves. Vous paillerez dès l'apparition des premières feuilles, puis les butterez en fin d'hiver.
Dimanche 26 novembre		16 h 10 / 7 h 12		18 h 03 ♉	Prélevez les drageons sur les chrysanthèmes. Replantez dans un pot : ils donneront une nouvelle plante.

Ne pas oublier : même en hiver, les plantes vertes d'intérieur ont besoin d'eau et de lumière.

Date	Notes :	Météo :
Lundi 20 novembre St Edmond		Pluie : ... mm Cumul : ... mm °C mini : ... °C maxi : ... Pression : ... hPa Temps : ...
Mardi 21 novembre Prés. de Marie		Pluie : ... mm Cumul : ... mm °C mini : ... °C maxi : ... Pression : ... hPa Temps : ...
Mercredi 22 novembre Ste Cécile		Pluie : ... mm Cumul : ... mm °C mini : ... °C maxi : ... Pression : ... hPa Temps : ...
Jeudi 23 novembre St Clément		Pluie : ... mm Cumul : ... mm °C mini : ... °C maxi : ... Pression : ... hPa Temps : ...
Vendredi 24 novembre Ste Flora		Pluie : ... mm Cumul : ... mm °C mini : ... °C maxi : ... Pression : ... hPa Temps : ...
Samedi 25 novembre Ste Catherine		Pluie : ... mm Cumul : ... mm °C mini : ... °C maxi : ... Pression : ... hPa Temps : ...
Dimanche 26 novembre Ste Delphine		Pluie : ... mm Cumul : ... mm °C mini : ... °C maxi : ... Pression : ... hPa Temps : ...

« À la Sainte-Flora, plus rien ne fleurira. »

♈ Bélier ♉ Taureau ♊ Gémeaux ♋ Cancer ♌ Lion ♍ Vierge ♎ Balance ♏ Scorpion ♐ Sagittaire ♑ Capricorne ♒ Verseau ♓ Poissons

Date	Lune	Lever coucher	Jour	Zodiaque	Travaux au jardin
Lundi 27 novembre	○ à 10 h 16 – Lune montante	16 h 40 / 8 h 33		♉	Déplantez les arbres que vous désirez déplacer. Mettez-les en jauge pour les replanter le mois prochain. Contre un mur bien exposé, installez une bonne couche de compost inclinée pour profiter au maximum du soleil. Recouvrez d'une vitre. Dans cette côtière, ou ados, semez des carottes courtes de type grelot ('Parmex', 'Mignon') et des radis ronds ('Gaudry 2', 'Gaudo'). Prélevez les drageons sur les chrysanthèmes. Replantez dans un pot : ils donneront une nouvelle plante. Période creuse au jardin ! Faites le plan de votre potager pour l'an prochain en tenant compte de la rotation des cultures ainsi que des bonnes associations de plantes.
Mardi 28 novembre	Lune montante	17 h 21 / 9 h 50			
Mercredi 29 novembre	Lune montante jusqu'à 15 h 11, puis Lune descendante	18 h 12 / 10 h 55			
Jeudi 30 novembre	Lune descendante	19 h 15 / 11 h 47		0 h 59 ♊	À condition qu'il ne gèle pas, plantez les rosiers et les arbustes à fleurs vendus à racines nues. Plantez des chrysanthèmes à fleurs simples, des pivoines et des hémérocalles. Buttez les jeunes rosiers au-dessus du point de greffe. Déterrez et jetez les annuelles.
Vendredi 1er décembre	Lune descendante	20 h 24 / 12 h 25		11 h 49 ♋	C'est une bonne journée pour planter des haies. Elles enrichiront et embelliront votre jardin tout en vous protégeant naturellement du vent et efficacement du regard parfois fort indiscret des voisins.
Samedi 2 décembre	Lune descendante	21 h 35 / 12 h 53			
Dimanche 3 décembre	Lune descendante	22 h 45 / 13 h 15		2 h 25 ♌	Taillez les fruitiers de plein vent. Brossez les troncs pour enlever les mousses et les lichens. Brûlez-les. Apportez du compost ainsi qu'un engrais à décomposition lente à l'aplomb des ramures, en ouvrant des trous à la barre à mine.

Ne pas oublier : nettoyez le jardin de tout ce qui est mort, sec ou abîmé.

Date	Notes :	Météo :
Lundi 27 novembre St Séverin		Pluie : ...... mm Cumul : ...... mm °C mini : .... °C maxi : .... Pression : .... hPa Temps : ....
Mardi 28 novembre St J. de la Marche		Pluie : ...... mm Cumul : ...... mm °C mini : .... °C maxi : .... Pression : .... hPa Temps : ....
Mercredi 29 novembre St Saturnin		Pluie : ...... mm Cumul : ...... mm °C mini : .... °C maxi : .... Pression : .... hPa Temps : ....
Jeudi 30 décembre St André		Pluie : ...... mm Cumul : ...... mm °C mini : .... °C maxi : .... Pression : .... hPa Temps : ....
Vendredi 1er décembre Ste Florence		Pluie : ...... mm Cumul : ...... mm °C mini : .... °C maxi : .... Pression : .... hPa Temps : ....
Samedi 2 décembre Ste Viviane		Pluie : ...... mm Cumul : ...... mm °C mini : .... °C maxi : .... Pression : .... hPa Temps : ....
Dimanche 3 décembre S^t^ Fr.-Xavier		Pluie : ...... mm Cumul : ...... mm °C mini : .... °C maxi : .... Pression : .... hPa Temps : ....

« En décembre, journée courte et longue nuit. »

♈ Bélier ♉ Taureau ♊ Gémeaux ♋ Cancer ♌ Lion ♍ Vierge ♎ Balance ♏ Scorpion ♐ Sagittaire ♑ Capricorne ♒ Verseau ♓ Poissons

Date	Lune	Lever / coucher	Jour	Zodiaque
Lundi 4 décembre	A à 19 h 42 (lune descendante)	23 h 54 / 13 h 32		♌
Mardi 5 décembre	à 6 h 49 (lune descendante)	- / 13 h 46		
Mercredi 6 décembre	(lune descendante)	1 h 01 / 13 h 59		3 h 34 ♍
Jeudi 7 décembre	(lune descendante)	2 h 08 / 14 h 11		
Vendredi 8 décembre	ND à 16 h 24 (lune descendante)	3 h 16 / 14 h 25		
Samedi 9 décembre	(lune descendante)	4 h 27 / 14 h 40		20 h 53 ♎
Dimanche 10 décembre	(lune descendante)	5 h 42 / 15 h 00		

Travaux au jardin

Lundi, ne jardinez plus après 14 h 40.

- Sauf en cas de gel, vous pouvez continuer à planter des fruitiers à racines nues ou vendus en conteneurs. Enrichissez la terre avec de la corne broyée et du compost. Veillez à ne pas enterrer le point de greffe. Arrosez à raison d'un à deux arrosoirs d'eau par arbre. Installez un tuteur dès la plantation, sans l'enfoncer trop près du tronc. Vous allez pouvoir planter des arbres jusqu'en mars, mais le faire maintenant leur permet de s'enraciner en hiver et donc de mieux résister à la sécheresse de l'été suivant.

- Ameublissez les sols lourds sans les retourner. Le gel se chargera de casser les mottes. Au printemps prochain, vous n'aurez plus qu'à affiner et à aplatir la terre. Pour savoir si votre sol est léger ou lourd, prélevez une poignée de terre et humectez-la légèrement. Si vous arrivez à confectionner une motte de terre ferme et malléable, votre sol est lourd. Si la terre se désagrège facilement et procure une sensation de rugosité, le sol est léger.

Vendredi, ne jardinez plus après 11 h 20.

- En fonction de vos besoins, récoltez les salsifis, les crosnes, les panais, les topinambours, les poireaux, le raifort, le rutabaga ainsi que les scorsonères. Tous ces légumes peuvent rester en terre : paillez abondamment le sol afin de pouvoir arracher ces légumes racines lorsqu'il gèlera. Repérez de beaux pieds que vous conserverez pour redémarrer la culture au printemps prochain.

- Procédez à la « taille de Noël » des rosiers, en coupant les tiges à une hauteur d'environ 50 cm. Vous pouvez aussi tailler les rosiers grimpants.
- Buttez les jeunes rosiers ainsi que les variétés délicates au-dessus du point de greffe.
- Plantez les rosiers et les arbustes à fleurs caduques à racines nues. N'oubliez pas de praliner les racines.

Ne pas oublier : triez les graines en jetant celles qui seront périmées l'an prochain.

Date	Notes :	Météo :
Lundi 4 décembre Ste Barbara		Pluie : ...... mm Cumul : ...... mm °C mini : .... °C maxi : .... Pression : .... hPa Temps : ....
Mardi 5 décembre St Gérald		Pluie : ...... mm Cumul : ...... mm °C mini : .... °C maxi : .... Pression : .... hPa Temps : ....
Mercredi 6 décembre St Nicolas		Pluie : ...... mm Cumul : ...... mm °C mini : .... °C maxi : .... Pression : .... hPa Temps : ....
Jeudi 7 décembre St Ambroise		Pluie : ...... mm Cumul : ...... mm °C mini : .... °C maxi : .... Pression : .... hPa Temps : ....
Vendredi 8 décembre Imm. Conception		Pluie : ...... mm Cumul : ...... mm °C mini : .... °C maxi : .... Pression : .... hPa Temps : ....
Samedi 9 décembre St Pierre Fourier		Pluie : ...... mm Cumul : ...... mm °C mini : .... °C maxi : .... Pression : .... hPa Temps : ....
Dimanche 10 décembre St Romaric		Pluie : ...... mm Cumul : ...... mm °C mini : .... °C maxi : .... Pression : .... hPa Temps : ....

« Rosier paillé au chaud, boutons bien plus beaux. »

♈ Bélier ♉ Taureau ♊ Gémeaux ♋ Cancer ♌ Lion ♍ Vierge ♎ Balance ♏ Scorpion ♐ Sagittaire ♑ Capricorne ♒ Verseau ♓ Poissons

Date	Lune	Lever coucher	Jour	Zodiaque	Travaux au jardin
Lundi 11 décembre	lune descendante	7 h 00 15 h 26		♎ 12 h 17 ♏	Mettez en place les églantiers à greffer dans le courant de l'été prochain. Commencez l'élagage des arbres. Le masticage n'est pas indispensable si les coupes sont proprement effectuées, juste au-dessus du bourrelet d'insertion des branches avec le tronc. Pour supprimer une partie de branche, coupez juste au-dessus d'un œil ou d'une pousse latérale. Plantez les arbustes destinés aux haies ainsi que les arbres d'ornement à feuilles caduques. Pour les persistants, il est préférable d'attendre le début du printemps.
Mardi 12 décembre	lune descendante	8 h 19 16 h 01			
Mercredi 13 décembre	à 0 h 41 22 h 52	9 h 35 16 h 52		10 h 58 ♐	En lune descendante, plantez des fruitiers en veillant à ne pas enterrer le point de greffe. Arrosez généreusement même en cas de pluie, installez un tuteur dès la plantation, en veillant à ne pas l'enfoncer trop près du tronc. En lune montante, à condition qu'il ne gèle pas, prélevez les greffons sur les variétés fruitières qui ont été multipliées au printemps dernier. Coupez des rameaux sains de 30 à 40 cm de long, avec des yeux bien formés. Liez-les en bottes en identifiant les variétés et enterrez-les à moitié au pied d'un mur orienté au nord.
Jeudi 14 décembre	lune montante	10 h 37 17 h 59			
Vendredi 15 décembre	lune montante	11 h 26 19 h 19		17 h 11 ♑	Dégermez les pommes de terre et vérifiez attentivement l'état des légumes mis en silo. Éliminez tous ceux qui s'abîment et renforcez les protections si cela s'avère nécessaire. Arrachez les légumes pouvant rester au jardin au fur et à mesure de vos besoins. ⚠ **Samedi, ne jardinez plus après 14 h 50.** Dans les régions bénéficiant d'un climat doux (par exemple, sur le pourtour méditerranéen), il est encore possible de planter l'ail blanc ainsi que l'ail violet.
Samedi 16 décembre	P à 19 h 52	12 h 00 20 h 45			
Dimanche 17 décembre	lune montante	12 h 25 22 h 10		14 h 46 ♒	Sauf en cas de gel, plantez maintenant des arbustes à fleurs ainsi que des rosiers à racines nues.

Ne pas oublier : ratissez les dernières feuilles mortes sur la pelouse.

Date	Notes :	Météo :
Lundi 11 décembre St Daniel		Pluie : ...... mm Cumul : ...... mm °C mini : .... °C maxi : .... Pression : .... hPa Temps : ....
Mardi 12 décembre S. J.-F. de Chantal		Pluie : ...... mm Cumul : ...... mm °C mini : .... °C maxi : .... Pression : .... hPa Temps : ....
Mercredi 13 décembre Ste Lucie		Pluie : ...... mm Cumul : ...... mm °C mini : .... °C maxi : .... Pression : .... hPa Temps : ....
Jeudi 14 décembre Ste Odile		Pluie : ...... mm Cumul : ...... mm °C mini : .... °C maxi : .... Pression : .... hPa Temps : ....
Vendredi 15 décembre Ste Ninon		Pluie : ...... mm Cumul : ...... mm °C mini : .... °C maxi : .... Pression : .... hPa Temps : ....
Samedi 16 décembre Ste Alice		Pluie : ...... mm Cumul : ...... mm °C mini : .... °C maxi : .... Pression : .... hPa Temps : ....
Dimanche 17 décembre St Gaël		Pluie : ...... mm Cumul : ...... mm °C mini : .... °C maxi : .... Pression : .... hPa Temps : ....

« Décembre prend et ne rend. »

♈ Bélier ♉ Taureau ♊ Gémeaux ♋ Cancer ♌ Lion ♍ Vierge ♎ Balance ♏ Scorpion ♐ Sagittaire ♑ Capricorne ♒ Verseau ♓ Poissons

Date	Lune	Lever coucher	Jour	Zodiaque	Travaux au jardin
Lundi 18 décembre	lune montante	12 h 45 23 h 34		♒	À la maison, vous pouvez vous essayer à des semis de bégonias et de pélargoniums. Ces derniers présentent l'avantage d'être très faciles à cultiver, même s'ils redoutent le froid. De plus, ils offrent une magnifique palette de couleurs et une large gamme de parfums. Au niveau de l'entretien, ils exigent un bon ensoleillement, un nettoyage régulier des feuilles et des fleurs fanées, un apport régulier d'engrais et un arrosage hebdomadaire. Ils peuvent être installés isolément dans des pots ou être plutôt regroupés avec d'autres plantes pour faire de belles jardinières.
Mardi 19 décembre	à 19 h 39	13 h 02 –			
Mercredi 20 décembre		13 h 18 0 h 55		16 h 32 ♓	Semez du pourpier ou du cresson alénois à la maison ou dans la véranda, en terrines, en dispersant bien les graines. Couvrez-les légèrement et tassez à l'aide d'une planchette. Humidifiez et placez à la lumière, en évitant toutefois le soleil direct.
Jeudi 21 décembre	NA à 14 h 53	13 h 34 2 h 14			**Jeudi, ne jardinez pas entre 9 h 50 et 19 h 50.**
Vendredi 22 décembre Solstice d'hiver		13 h 51 3 h 34		2 h 30 ♈	Stratifiez les pépins des pommes et des poirées en les plaçant dans un pot rempli de sable. Enterrez au pied d'un mur exposé au nord. Vous obtiendrez ainsi des porte-greffes. Dans le Midi, récoltez les olives si elles n'étaient pas mûres auparavant.
Samedi 23 décembre		14 h 12 4 h 54			
Dimanche 24 décembre		14 h 39 6 h 14		1 h 30 ♉	Prélevez les drageons sur les chrysanthèmes. Ces éclats de souche replantés dans un pot donneront de nouvelles plantes.

Ne pas oublier : pensez à installer des nichoirs.

Date	Notes :	Météo :
Lundi 18 décembre St Gatien		Pluie : ...... mm Cumul : ...... mm °C mini : .... °C maxi : .... Pression : .... hPa Temps : ....
Mardi 19 décembre St Urbain		Pluie : ...... mm Cumul : ...... mm °C mini : .... °C maxi : .... Pression : .... hPa Temps : ....
Mercredi 20 décembre St Théophile		Pluie : ...... mm Cumul : ...... mm °C mini : .... °C maxi : .... Pression : .... hPa Temps : ....
Jeudi 21 décembre St Pierre		Pluie : ...... mm Cumul : ...... mm °C mini : .... °C maxi : .... Pression : .... hPa Temps : ....
Vendredi 22 décembre Hiver		Pluie : ...... mm Cumul : ...... mm °C mini : .... °C maxi : .... Pression : .... hPa Temps : ....
Samedi 23 décembre St Armand		Pluie : ...... mm Cumul : ...... mm °C mini : .... °C maxi : .... Pression : .... hPa Temps : ....
Dimanche 24 décembre Ste Adèle		Pluie : ...... mm Cumul : ...... mm °C mini : .... °C maxi : .... Pression : .... hPa Temps : ....

« Au vingt de Noël, les jours rallongent d'un pas d'hirondelle. »

♈ Bélier ♉ Taureau ♊ Gémeaux ♋ Cancer ♌ Lion ♍ Vierge ♎ Balance ♏ Scorpion ♐ Sagittaire ♑ Capricorne ♒ Verseau ♓ Poissons

Date	Lune	Lever coucher	Jour	Zodiaque	Travaux au jardin
Lundi 25 décembre	Lune montante	15 h 15 / 7 h 32		♉	Si ce n'est pas déjà fait, déplantez les arbres que vous désirez déplacer. Mettez-les en jauge pour les replanter le mois prochain. Si vous avez un grand potager propre (c'est-à-dire exempt d'adventices vivaces telles que le chiendent ou le liseron), vous pouvez envisager la création d'une aspergeraie. Enrichissez la parcelle choisie de compost ou de fumier bien mûr avec des cendres de bois. Au moment de l'installation des griffes, vous enrichirez le fond des tranchées. Vous pouvez espérer une production annuelle de 5 kg de turions à partir de la quatrième année.
Mardi 26 décembre	Lune montante	16 h 02 / 8 h 41			
Mercredi 27 décembre	Pleine lune à 1 h 33 ; lune montante jusqu'à 22 h 50	17 h 00 / 9 h 38		9 h 26 ♊	À condition qu'il n'y ait pas de risque de gel, taillez les clématites à floraison estivale. Coupez une tige sur deux à 30 ou 40 cm du sol. Vous pouvez aussi tailler les rosiers grimpants. Pour les pieds âgés et vigoureux, par exemple palissés contre un mur, il est plus rapide d'utiliser un taille-haie à moteur : les rosiers ne s'en porteront pas plus mal et continueront de fleurir abondamment.
Jeudi 28 décembre	Lune descendante	18 h 07 / 10 h 21		20 h 16 ♋	S'il ne gèle pas, poursuivez les plantations des arbres et des arbustes à feuillage caduc. Pour les haies, la plantation en quinconce est préférable si vous disposez de suffisamment d'espace. N'oubliez pas de pailler pour éviter la concurrence entre les jeunes arbustes et l'herbe.
Vendredi 29 décembre	Lune descendante	19 h 18 / 10 h 53			
Samedi 30 décembre	Lune descendante	20 h 29 / 11 h 18		10 h 44 ♌	Plantez des fruitiers en arrosant généreusement, même en cas de pluie. Prévoyez une plantation quelque peu surélevée pour anticiper le tassement inévitable de la terre au fil des mois. Le point de greffe ne doit jamais être enterré, car cela entraînerait le développement de gourmands du porte-greffe, qui accapareraient la sève.
Dimanche 31 décembre	Lune descendante	21 h 39 / 11 h 36			

Ne pas oublier : installez des nichoirs en orientant le trou d'envol vers l'est.

Date	Notes :	Météo :
Lundi 25 décembre Noël		Pluie : ...... mm Cumul : ...... mm °C mini : .... °C maxi : .... Pression : .... hPa Temps : ....
Mardi 26 décembre St Étienne		Pluie : ...... mm Cumul : ...... mm °C mini : .... °C maxi : .... Pression : .... hPa Temps : ....
Mercredi 27 décembre St Jean		Pluie : ...... mm Cumul : ...... mm °C mini : .... °C maxi : .... Pression : .... hPa Temps : ....
Jeudi 28 décembre Sts Innocents		Pluie : ...... mm Cumul : ...... mm °C mini : .... °C maxi : .... Pression : .... hPa Temps : ....
Vendredi 29 décembre St David		Pluie : ...... mm Cumul : ...... mm °C mini : .... °C maxi : .... Pression : .... hPa Temps : ....
Samedi 30 décembre St Roger		Pluie : ...... mm Cumul : ...... mm °C mini : .... °C maxi : .... Pression : .... hPa Temps : ....
Dimanche 31 janvier St Sylvestre		Pluie : ...... mm Cumul : ...... mm °C mini : .... °C maxi : .... Pression : .... hPa Temps : ....

« Jour de l'An beau, mois d'août très chaud. »

Calendrier 2024

Janvier

1	L	Jour de l'An	1
2	M	Basile	
3	M	Geneviève	
4	J	Odilon	
5	V	Édouard	
6	S	Mélaine	
7	D	Épiphanie	
8	L	Lucien	2
9	M	Alix	
10	M	Guillaume	
11	J	Pauline	
12	V	Tatiana	
13	S	Yvette	
14	D	Nina	
15	L	Rémi	3
16	M	Marcel	
17	M	Roseline	
18	J	Prisca	
19	V	Marius	
20	S	Sébastien	
21	D	Agnès	
22	L	Vincent	4
23	M	Barnard	
24	M	Fr. de Sales	
25	J	Conv. St Paul	
26	V	Paule	
27	S	Angèle	
28	D	Th. d'Aquin	
29	L	Gildas	5
30	M	Martine	
31	M	Marcelle	

Février

1	J	Ella	
2	V	Chandeleur	
3	S	Blaise	
4	D	Véronique	
5	L	Agathe	6
6	M	Gaston	
7	M	Eugénie	
8	J	Jacqueline	
9	V	Apolline	
10	S	Arnaud	
11	D	N.-D. de Lourd.	
12	L	Félix	7
13	M	Mardi gras	
14	M	Cendres	
15	J	Claude	
16	V	Julienne	
17	S	Alexis	
18	D	Bernadette	
19	L	Gabin	8
20	M	Aimée	
21	M	Pierre-Damien	
22	J	Isabelle	
23	V	Lazare	
24	S	Modeste	
25	D	Roméo	
26	L	Nestor	9
27	M	Honorine	
28	M	Romain	
29	J	Auguste	

Mars

1	V	Aubin	
2	S	Charles le Bon	
3	D	Guénolé	
4	L	Casimir	10
5	M	Olive	
6	M	Colette	
7	J	Félicité	
8	V	Jean de Dieu	
9	S	Françoise	
10	D	Vivien	
11	L	Rosine	11
12	M	Justine	
13	M	Rodrigue	
14	J	Mathilde	
15	V	Louise	
16	S	Bénédicte	
17	D	Patrice	
18	L	Cyrille	12
19	M	Joseph	
20	M	PRINTEMPS	
21	J	Clémence	
22	V	Léa	
23	S	Victorien	
24	D	Rameaux	
25	L	Annonciation	
26	M	Larissa	13
27	M	Habib	
28	J	Gontran	
29	V	Vendredi saint	
30	S	Amédée	
31	D	Pâques	

Avril

1	L	L. de Pâques	14
2	M	Sandrine	
3	M	Richard	
4	J	Isidore	
5	V	Irène	
6	S	Marcellin	
7	D	J.-B. de la Salle	
8	L	Julie	15
9	M	Gautier	
10	M	Fulbert	
11	J	Stanislas	
12	V	Jules	
13	S	Ida	
14	D	Maxime	
15	L	Paterne	16
16	M	Benoît-Joseph	
17	M	Anicet	
18	J	Parfait	
19	V	Emma	
20	S	Odette	
21	D	Anselme	
22	L	Alexandre	17
23	M	Georges	
24	M	Fidèle	
25	J	Marc	
26	V	Alida	
27	S	Zita	
28	D	Valérie	
29	L	Cath. de Sienne	
30	M	Robert	18

Mai

1	M	Fête du Travail	
2	J	Boris	
3	V	Phil., Jacq.	
4	S	Sylvain	
5	D	Judith	
6	L	Prudence	19
7	M	Gisèle	
8	M	Victoire 1945	
9	J	Ascension	
10	V	Solange	
11	S	Estelle	
12	D	Achille	
13	L	Rolande	20
14	M	Matthias	
15	M	Denise	
16	J	Honoré	
17	V	Pascal	
18	S	Éric	
19	D	Pentecôte	
20	L	L. de Pent.	21
21	M	Constantin	
22	M	Émile	
23	J	Didier	
24	V	Donatien	
25	S	Sophie	
26	D	Fête des Mères	
27	L	Augustin	22
28	M	Germain	
29	M	Aymard	
30	J	Ferdinand	
31	V	Visitation	

Juin

1	S	Justin	
2	D	Blandine	
3	L	Kévin	23
4	M	Clotilde	
5	M	Igor	
6	J	Norbert	
7	V	Gilbert	
8	S	Médard	
9	D	Diane	
10	L	Landry	24
11	M	Barnabé	
12	M	Guy	
13	J	Antoine de P.	
14	V	Élisée	
15	S	Germaine	
16	D	Fête des Pères	
17	L	Hervé	25
18	M	Léonce	
19	M	Romuald	
20	J	ÉTÉ	
21	V	Gonzague	
22	S	Alban	
23	D	Audrey	
24	L	Jean-Baptiste	26
25	M	Prosper	
26	M	Anthelme	
27	J	Fernand	
28	V	Irénée	
29	S	Pierre, Paul	
30	D	Martial	

Juillet

1	L	Thierry	27
2	M	Martinien	
3	M	Thomas	
4	J	Florent	
5	V	Antoine	
6	S	Mariette	
7	D	Raoul	
8	L	Thibault	28
9	M	Amandine	
10	M	Ulrich	
11	J	Benoît	
12	V	Olivier	
13	S	Henri, Joël	
14	D	Fête nationale	
15	L	Donald	29
16	M	N.-D. Mt-Carmel	
17	M	Charlotte	
18	J	Frédéric	
19	V	Arsène	
20	S	Marina	
21	D	Victor	
22	L	Marie-Madeleine	
23	M	Brigitte	30
24	M	Christine	
25	J	Jacques	
26	V	Anne, Joachim	
27	S	Nathalie	
28	D	Samson	
29	L	Marthe	31
30	M	Juliette	
31	M	I. de Loyola	

Août

1	J	Alphonse	
2	V	Julien-Eymard	
3	S	Lydie	
4	D	J.-M. Vianney	
5	L	Abel	32
6	M	Transfiguration	
7	M	Gaétan	
8	J	Dominique	
9	V	Amour	
10	S	Laurent	
11	D	Claire	
12	L	Clarisse	33
13	M	Hippolyte	
14	M	Évrard	
15	J	Assomption	
16	V	Armel	
17	S	Hyacinthe	
18	D	Hélène	
19	L	Jean-Eudes	34
20	M	Bernard	
21	M	Christophe	
22	J	Fabrice	
23	V	Rose de Lima	
24	S	Barthélemy	
25	D	Louis	
26	L	Natacha	35
27	M	Monique	
28	M	Augustin	
29	J	Sabine	
30	V	Fiacre	
31	S	Aristide	

Septembre

1	D	Gilles	
2	L	Ingrid	36
3	M	Grégoire	
4	M	Rosalie	
5	J	Raïssa	
6	V	Bertrand	
7	S	Reine	
8	D	Adrien	
9	L	Alain	37
10	M	Inès	
11	M	Adelphe	
12	J	Apollinaire	
13	V	Aimé	
14	S	Materne	
15	D	Roland	
16	L	Édith	38
17	M	Renaud	
18	M	Nadège	
19	J	Émilie	
20	V	Davy	
21	S	Matthieu	
22	D	AUTOMNE	
23	L	Constant	39
24	M	Thècle	
25	M	Hermann	
26	J	Côme, Damien	
27	V	Vincent de P.	
28	S	Venceslas	
29	D	Michel	
30	L	Jérôme	40

Octobre

1	M	Thér. de l'Enf.	
2	M	Léger	
3	J	Gérard	
4	V	Fr. d'Assise	
5	S	Fleur	
6	D	Bruno	
7	L	Serge	41
8	M	Pélagie	
9	M	Denis	
10	J	Ghislain	
11	V	Firmin	
12	S	Wilfried	
13	D	Géraud	
14	L	Juste	42
15	M	Thér. d'Avila	
16	M	Edwige	
17	J	Baudouin	
18	V	Luc	
19	S	René	
20	D	Adeline	
21	L	Céline	43
22	M	Élodie	
23	M	Jean de Capist.	
24	J	Florentin	
25	V	Crépin	
26	S	Dimitri	
27	D	Émeline	
28	L	Simon, Jude	44
29	M	Narcisse	
30	M	Bienvenu	
31	J	Quentin	

Novembre

1	V	Toussaint	
2	S	Défunts	
3	D	Hubert	
4	L	Charles	45
5	M	Sylvie	
6	M	Bertille	
7	J	Carine	
8	V	Geoffroy	
9	D	Théodore	
10	D	Léon	
11	L	Armistice 1918	
12	M	Christian	46
13	M	Brice	
14	J	Sidoine	
15	V	Albert	
16	S	Marguerite	
17	D	Élisabeth	
18	L	Aude	47
19	M	Tanguy	
20	M	Edmond	
21	J	Prés. Marie	
22	V	Cécile	
23	S	Clément	
24	D	Flora	
25	L	Catherine	48
26	M	Delphine	
27	M	Séverin	
28	J	Jacq. de la M.	
29	V	Saturnin	
30	S	André	

Décembre

1	D	Florence	
2	L	Viviane	49
3	M	Fr.-Xavier	
4	M	Barbara	
5	J	Gérald	
6	V	Nicolas	
7	S	Ambroise	
8	D	Im. Concep.	
9	L	Pierre Fourier	50
10	M	Romaric	
11	M	Daniel	
12	J	J.-F. de Chantal	
13	V	Lucie	
14	S	Odile	
15	D	Ninon	
16	L	Alice	51
17	M	Gaël	
18	M	Gatien	
19	J	Urbain	
20	V	Théophile	
21	S	HIVER	
22	D	Fr.-Xavière	
23	L	Armand	52
24	M	Adèle	
25	M	Noël	
26	J	Étienne	
27	V	Jean	
28	D	Innocents	
29	D	David	
30	L	Roger	53
31	M	Sylvestre	